4·16구술증언록 유가족 활동 단체 제3권

그날을 말하다

4·16TV

4·16구술증언록 유가족 활동 단체 제3권

그날을 말하다

4·16TV

4·16기억저장소 기획 편집
(사) 4·16세월호참사가족협의회 지원 협조

4·16기억저장소에서는 세월호 참사 5주기를 맞아 구술증언 수집 사업의 결과물 일부를 100권의 책으로 발간하게 되었습니다. 이 사업은 2015년 6월부터 다양한 학문 분야 구술 연구자들의 자발적인 참여로 진행되어 왔으며, 세월호 참사를 좀 더 정확하고 다각적으로 기록하고 기억하고자 하는 노력의 일환으로 수행되었습니다.

2014년 참사 발생 이후, 참사 피해자들의 목격담과 경험은 안타깝게도 공식적인 국가기관과 언론의 기록 속에서 철저히 소외되거나 왜곡되었습니다. 그것은 세월호 참사가 우리에게 안긴 죽음과 고통의 충격만큼이나 우리 사회의 끔찍한 비극이었습니다. 따라서 사업을 진행하면서 세월호 참사 희생자 가족, 생존자, 생존자 가족, 어민, 잠수사, 활동가, 기자 등등, 참사의 초기 과정을 직접 경험한 분들의 증언을 우선적으로 수집했습니다. 구술자는 이 사업의 취지와 방식에 개인적으로 동의한 분 중에서 선정했으며, 참여 과정에 어떠한 금전적 보상이나 이익이 제공되지 않았습니다. 또한 구술증언 수집 사업을 진행하는 동안, 면담자는 연구자이자 참사를 겪은 공동체 시민으로서 최대한 윤리적이고자 노력했습니다.

구술자마다 매회 약 2시간씩 3회를 원칙으로 음성 녹취와 영상 촬영을 하는 방식으로 진행되었고, 증언의 일관성을 확보하기 위해 면담자는 큰 틀에서 공통 질문지를 사용했습니다. 공통 질문지의 내용은 참사와 구술자 간의 관계성에 따라 차이가 있지만, 유가족 구술의 경우 1회차 '참사 이전의 삶, 팽목항과 진도에서의 경험, 자녀에 대한 기억'을, 2회차 '참사 이후 투쟁과 공동체 활동 경험'을, 3회차 '참사 이후 개인 및 가족이 경험한 삶의 변화와 깨달음, 자녀의 현재적 의미'를 중심으로 했습니다. 이처럼 증언 내용은 참사 이전에서 시작해 참사 발생 당시의 경험과 이후의 변화 과정까지 폭넓게 수집했고, 면담자는 구술 채록 과정에서 구술자의 발화를 최대한 존중하고자 했으며, 무엇보다 각자의 특수한 경험과 다른 시각을 충실히 반영하고자 했습니다.

이 구술증언록의 발간을 위해, 채록된 음성 자료는 문서로 변환해 구술자와 함께 검토했고, 현재 시점에서 공개할 수 있는 영역과 할 수 없는 영역으로 구별했습니다. 따라서 책에 실린 내용은 모두 구술자로부터 공개를 허락받은 부분입니다. 비공개 영역은 추후 구술자의 동의를 받아 적절한 절차를 거쳐 추가로 공개될 수 있으리라 생각합니다.

이 구술증언록 100권에는 그동안 우리 사회에 왜곡되어 알려지거나 잘 알려지지 않았던, 참사 발생 직후 팽목항과 진도 혹은 바다에서의 초기 상황에 관한 중요한 증언이 포함되어 있습니다. 또한, 자녀를 잃는 잔인하고 애통한 상황을 겪으면서도 그 누구보다 강인한 정치적 주체로 성장할 수밖에 없었던 유가족의 마음과 경험을 구체적으로, 그리고 여러 각도에서 살펴볼 수 있습니다. 그 외에도, 이 구술증언록은 2014년을 전후한 한국 사회의 여러 측면을 드러내는 귀중한 자료가 되리라고 생각합니다. 무엇보다 국내외의 많은 분이 이 책을 읽어, 장차 세월호 참사의 진상 규명과 역사 서술에 기여할 수 있기를 바랍니다.

구술증언 수집 사업이 진행되고, 책으로 출간되기까지 많은 분의 도움과 지지가 있었습니다. 이 지면을 빌려 부족하나마 감사의 말씀을 전하고자 합니다.

먼저 (사)4·16세월호참사가족협의회와 4·16기억저장소에 감사를 드립니다. 이분들의 신뢰와 적극적인 협조가 없었다면, 이 사업은 처음부터 시작할 수조차 없었을 것입니다. 또한 어려운 정치 환경 속에서도 사업의 취지에 공감해 재정 지원을 결정해 준 아름다운가게와 역사문제연구소에 감사드립니다. 두 단체 덕분에, 이 사업을 4년 동안 계속해 올 수 있었습니다. 그리고 구술증언록 100권의 발간에 동의하고, 바쁜 일정에도 출판 실무를 기꺼이 맡아주신 한울엠플러스(주)에도 감사를 드립니다. 이 외에도 많은 개인과 단체가 직간접적으로 많은 도움을 주시고 격려해 주셨습니다. 여기에 모두 밝히지 못하는 것을 죄송하게 생각합니다.

말할 필요도 없이, 가장 크고 또 가슴 아픈 감사는 구술자 한 분 한 분께 드리고자 합니다. 이 책이 발간될 수 있었던 것은, 무엇보다 용기를 내어 아픔과 고통의 기억을 다시 떠올리고 장시간 진심으로 이야기를 해주신 구술자가 있었기 때문입니다. 오랜 시간 이야기를 나누며 함께 공감하기도 했지만, 그 아픔과 고통을 어떻게 가늠할 수 있을까 싶습니다. 더 큰 도움이 되지 못함을 안타까워하며, 이 구술증언록 100권의 발간이 피해자분들에게 조금이라도 위로가 될 수 있기를 기원합니다.

2019년 4월

4·16기억저장소 구술팀 책임자
서울대학교 인류학과 교수 이현정

차례

■ 1회차 ■

■ 2회차 ■

4·16TV

4·16TV를 이끌고 있는 문종택은 단원고 2학년 1반 고 문지성의 아빠다. 문종택은 2014년 8월 4·16TV 방송을 시작한 이래 지금도 유가족들의 활동이 있는 곳이면 어디든지 달려가 카메라를 돌린다. 인력과 장비 모두 불비한 상태에서 거의 6년간 혼자의 힘으로 4·16TV를 운영해 온 그는, 촬영을 통해 유가족들의 투쟁 기록뿐만 아니라 참사의 진실을 밝힐 증거 기록을 남기고 있다.

4·16TV의 구술 면담은 2019년 1월 29일, 30일, 2회에 걸쳐 총 5시간 10분 동안 진행되었다. 면담자는 김익한, 촬영자는 강재성이었다.

구술자 본인의 프라이버시나 제3자의 프라이버시를 보호해야 할 부분을 제외하고는 구술자의 발화를 있는 그대로 전사했다.

1회차

2019년 1월 29일

. . . .

1
시작 인사말

면담자   본 구술증언은 4·16 사건에 대한 참여자들의 경험과 기억을 기록으로 남김으로써 이후 진상 규명 및 역사 기술에 기여하고자 합니다.

지성 아빠   교수님, 죄송한데요. 다른 분들 다 이렇게 하세요?

면담자   네, 요것만 앞에 이렇게 딱딱하게 가요.

지성 아빠   근데 워딩 다 고쳤으면 좋겠습니다.

면담자   아, 그래요?

지성 아빠   학살은 안 들어가더라도 사건이 아니고 참사 정도는 넣어줘야지, 4·16 사건으로 지금 가셨잖아요. 4·16 참사로 [해야 한다고 봅니다].

면담자   저희는 공식적으로는 사건으로 합니다만.

지성 아빠   아, 저는 그러면…, 이게 사실 굉장히 싫습니다.

면담자   알겠습니다. 아버님 의견이 그러시다면 참사로 고치겠습니다.

지성 아빠   저가 문제가 아니고 이거는, 이게 참사로, 모든 게 어떻게 보면 법적인 공유 틀 안에 참사로 가는데, '사건으로 간다' 그러면 이게 문제가 심각해지죠.

면담자　　　이게 사고라고 부르는 거하고, 그러니까 논쟁할 필요
는 없는데.

지성 아빠　　　뭔 얘긴지 압니다.

면담자　　　말하자면 이게 유가족들의 진실된 마음을 담은 얘기
잖아요. 저희는 책 낼 때도 그렇고, 구술할 때도 그렇게 평가가 들어
간 단어보다는 그렇지 않은 단어로 접근하는 걸 원칙으로 하고 있는
겁니다. 저희가 사건이라고 칭하지, 세월호 사고라고 칭하지는 않잖
아요?

지성 아빠　　　그러니까 의미가, 왜냐하면 기록이 돼서 그러는데, 참
사 안에 사건이 들어가는 거지, 사건 안에 참사가 지금 들어가는 상
황이 되면 [안 되죠].

면담자　　　이거는 이 자리에서 개념 논쟁할 필요는 없는데, 사건
이 있으면 역사적 사건같이 보통 사건이 있고, 참사처럼 정말 참혹
한 사건이 있는 거라고 봅니다. 세월호는 참사지요. 다만 사건이 더
넓은 개념이고, 의도적으로 가치를 배제하는 개념을 쓰기 위해서 저
희가 세월호 사건이라고 부르는 건데, 이건 뭐 당연히 아버님이 다
른 생각을 갖고 계실 수 있고, 거슬리실 수 있다고 봅니다. 아버님
의견을 받아들여서, 4·16TV에 대한 구술에서는 참사로 고치도록 하
겠습니다. (지성 아빠 : 네) 뭐 제가 오늘 세월호를 사건으로 칭했다고
해서 아버님이 제가 세월호를 어떤 사건으로 보는지에 대해 의심하
시지는 않을 거 같고요.

지성 아빠   당연하죠(웃음).

면담자   다시 시작하겠습니다.

본 구술증언은 4·16 참사에 대한 참여자들의 경험과 기억을 기록으로 남김으로써 이후 진상 규명 및 역사 기술에 기여하고자 합니다. 지금부터 4·16TV에 대한 구술증언을 시작하겠습니다. 구술증언을 해주실 분은 4·16TV를 운영하고 계시는 지성 아버님 문종택 씨입니다. 오늘은 2019년 1월 29일이며, 장소는 안산시 단원고 가족협의회 4·16TV 방송 사무실입니다. 면담자는 김익한이며, 촬영자는 강재성입니다.

2
최근 근황

면담자   오늘 구술의 성격상 아버님이라고 칭하는 게 옳을지, 4·16TV 대표님이라고 부르는 게 편할지(웃음). 마음은 4·16TV 대표님이라고 생각하고요, 평상시에 제가 부르는 대로 지성 아버님 이렇게 부르도록 하겠습니다. 일단 어려운 자리에 응해주셔서 너무 감사드리구요. 오늘 4·16TV를 중심으로 해서 구술증언을 시작하도록 하겠습니다. 우선 아버님 최근 근황은 어떠세요? 그래도 4·16TV가 시위 엄청 일어나고 그럴 때보다 좀 덜 바쁘지 않으세요?

지성 아빠   요즘 더 바쁩니다.

면담자   아, 그러세요? 최근에는 주로 어떤 활동하고 계시는지?

지성 아빠　　　그냥 특조위 조사관이라고 보시면 이해가 빠르실 거 같애요. 예전에는 집회와 싸움을 해가면서 행사에 대한 부분을 끌고 갔다 그러면, 지금은 그런 부분이 없는 대신에 제가 이 방송을 끌고 가는 이유의 명백한 초심은 방송을 하기 위한 4·16TV는 아니라는 것, 많은 분들이 좀 오해를 하시는데 진실 규명을 하기 위한 하나의 도구로써 가져가는 거지. 그래서 지금은 사회적으로 많이 죽어 있지만, 특조위 조사관들이 조사하는 데 제가 자문위원으로 있고, 그래서 예를 들면 3009함, 123정, 다 들어보셨던 그런 조사를 직접 기록을 남기고, 조사관들이 조사하는 그 방향 말고, 피해자 아버지로서 조사를 같이 병행해서 하고 있기 때문에 지금은 목표대로 그렇게 가고 있어서, '원래는 4·16TV이지만 조사관 역할을 충분히 해야 된다' [하는 마음으로 활동을 하고 있습니다], 마지막 주어진 골든타임이기 때문에.

면담자　　　요번 주에는 조사 관련 움직이신 게 있으세요?

지성 아빠　　　요번 주는 어제, 오늘밖에 없는데, 저번주에는 목포에 가서 대한민국 해경청, 그다음에 목포 관할 해경서, 김문홍이 있던 데죠, 그리고 123정 배, 그리고 3009함 배 안에, 지금 멤버들은 다 바뀌었지만, 구조물이라든가 거기 있는 사람들하고, 그렇게 돌고 왔죠.

면담자　　　그러면 배의 내부나 외부를 영상으로 담으시고 일부 인터뷰도 하시고.

지성 아빠　　　인터뷰를 응해주진 않죠, 그 사람들이. 근데 그냥 지나가는 식으로 툭 던져서 저도 그냥 툭 담아서 옵니다.

3
참사 이전의 삶

면담자   뭐라 그럴까, 다큐멘터리나 르포 작가들도 사실은 굉장히 집요하거든요. 제가 아버님 오랫동안 옆에서 보면서 '도대체 저렇게 집요할 수 있을까?' 싶은 생각을 많이 했는데, 사실은 유가족들의 진실 규명을 향한 의지는 물론 다 강하죠. 그러나 강한 의지가 아버님처럼 현실 속에서 그렇게 있는 그대로 끈기 있게 표출되는 경우는 많지 않은 거 같아요. 그런 걸 연상하면서 도대체 지성 아빠가 어떤 분이었길래, 4·16TV를 통해서 이렇게 집요하게 진실 규명을 하시는 분으로 바뀌었을까 궁금해지네요. 그래서 아버님이 어떤 분이었는지 여쭙는 차원에서 몇 가지 질문드리겠습니다. 우선 경북 어디서 태어나셨죠?

지성 아빠   경북 영덕. 영덕군 영덕면 화개2리.

면담자   영덕에서 언제까지 계셨어요?

지성 아빠   제가 고향에 대한 기억이 몇 개밖에 없는데 부모님이 다섯 살까지 살았다고 하니까 다섯 살 때 살고, 사라호 태풍이 제가 태어나기 바로 직전에 있어서, 이제 문중, 우리 문씨 문중이 살던, 저희 종갓집이었는데, 그때 사라호 태풍이 다 쓸고, 저희 아버님이 옹기 사업을 하셨기 때문에 흙을 좋은 데로 찾아가야 되기 때문에 그래서 강원도로, 제가 7남매의 막내기 때문에 어머님, 아버님 따라서 강원도로 가고, 나머지 여섯 누나들, 형님들은 서울로 바로 오게 됐죠.

면담자   아버님은 강원도에서 쭉 성장을 하셨네요?

지성 아빠   초등학교 3학년 1학기 때까지 강원도에 있다가 그다음에 서울로 집을 합치면서 서울에서 이제, 저 서울에서 학교 나온 남잡니다(웃음).

면담자   아버님이 생각하시기에 군대 갔다 오기 전까지 아버님은 어떤 분이셨어요? 예를 들어서 굉장히 성실하다든지 또는 명석하다든지, 여러 가지 사람을 가리키는 특성이 있을 텐데, 아버님 스스로 생각하기에 어떤 특성의 사람이셨습니까?

지성 아빠   저는 친구들하고 딱지치기, 구슬치기를 해서 잃고 나면 잠을 못 잤습니다. 그래서 그다음 날이든 그다음 날이든 어떻게든지 구해가지고 제가 다 따야만 [끝이 나죠]. 그리고 돌려주기를 잘했습니다.

면담자   아버님의 특성을 잘 보여주시는 발언인 것 같구요. 지성 엄마하고 신앙심이 워낙 강하신 부부라고 해서요, 교회는 언제 가게 되신 거예요?

지성 아빠   서울에 와서 창동이라고 하는, 지금은 의정부로 들어가나요? 거기에 있었는데, 초등학교 3학년 2학기로 기억이 되는데, 어려우니까 그 당시에, 아침에 쉽게 말하면 교회 선생님들이 건빵 같은 거 이런 걸 나눠 주시고, 교회 오라고. 그거 얻어먹는 재미로 교회에 가니까, 『성경』 구절 그런 걸 외우면, 그 당시는 파격적이었습니다, 플라스틱 필통이 처음 나왔는데 좀 물렁물렁했거든요. 포도 그림, 교회니까, 책받침하고 필통 이런 거를 주는 거예요. 제가 암기, 수학은 못하는데, 암기는 제가 정말 그 당시에 자신이 있었습니다.

면담자   교회에서 물건을 엄청 받아 오셨겠네요.

지성 아빠   네(웃음). 그걸로 공책 기본으로 주시고 그러니까 공책, 필통, 자, 책받침 [다 받아 왔죠]. 원체 어려운 생활에 형제들이 많고 하니까, 그래서….

면담자   제가 아버님하고 동세대여서 서울 생활과 어린 시절의 어려움이 충분히 느낌으로 옵니다. 이제 군대는 가셨겠죠?

지성 아빠   네, 방위.

면담자   군대 다녀오시고 어떤 일을 주로 하셨습니까?

지성 아빠   저는 군도 좋게 말하면 단기병[으로] 해군본부 인사참모부에 있었어요. 근데 보통 본부나 국방부나 이렇게 일종의 [중요 기관의 경우에는], 처음에 신체검사 이런 것들 다 하고 끝나고 나면 그 당시만 하더라도 우리는 신분 조회를 다 했던 상황이고, 제가 그런 면에서 깨끗했나 보죠. 저희 형님도 한 분 국방부에 가셨고, 저는 해군본부에 있고 그랬는데, 그래서 더더군다나 이 세월호가 바다에서 일어났던 일이라서, 저는 뭐 좀 외람되지만 배에 대해서, 전체적인 걸 이야기를 하자면 전문가하고 앉아서 이야기를 해도 [될 만한 지식을 갖고 있었지요]. 한 배에도 다양하게 많이 있거든요. 기관실, 조타실, 엔진실 이런 게 있지만, 그렇게 하나에 대해서 어떤 집중적인 기술자가 아니지만, 그래서 해군, 우연찮게 거기서 시작된 그런 과정, 그리고 또 제가 제주도에서 한 11년 정도 생활하면서, 해산물 유통을 하니까 자연적으로 배를 이용하게 됐고, 또 우도에 있는 자연산 활어를 잡으시는 분들의 고기를 제가 이렇게 전체적으로 수거를 하는 계약 과정이 있어서, 거기 또한 도항선을 타고 들어가거든요. 그러면 참 위험천만한 일이지만 가끔씩 도항선 배의 핸들도 잡기도 하고 [했어요].

면담자   도항선이라는 건 제주도에서 우도로 넘어가는 배를 도항선이라고 그러는 거죠? (지성 아빠 : 네) 알겠습니다.

지성 아빠   지금은 진도에서는 여객선이라고 표현을 하고, 저희는 제주도에 있을 때 도항선이라고, 도를 다니는, 우도[와] 제주도 본도[를 왕복하는].

면담자   네, 알겠습니다. 안산으로 다시 오셨을 때가 지금으로부터 10여 년 전? 안산에서는 주로 어떤 일을 하셨습니까?

지성 아빠   제가 원래 학교를 졸업하고, 저희가 광고디자인 쪽이기 때문에, 고등학교를 실업계에서 그렇게 했기 때문에 주로 잡지광고, 신문광고[를 했어요], 방송광고만 안 하고. 그래서 아무래도 정치, 뉴스 이런 쪽에는 굉장히 밝았죠. 그리고 또 학교 다닐 때 저희는 사진부라 그래서 저희 과목에 있는데, 제가 이제 서울공고 전체 보도부장을 했기 때문에.

면담자   말하자면 우연한 일입니다만, 바다에 대해서도 밝고,

선박에 대해서도 밝고, 사회 뉴스에도 밝고, 또 디자인하셨으면 컴퓨터 다루고 하는 것도 연세에 비해서는 밝으시고(웃음).

지성 아빠   저희는 컴퓨터는 전혀 안 다뤘어요. 타자 배웠어요.

면담자   아, 그래요? 지금 컴퓨터를 워낙 잘 다루셔서.

지성 아빠   지금 독수리입니다, 아직도.

면담자   그러면 참사 나기 전까지는 컴퓨터가 익숙하신 상태까진 아니셨어요?

지성 아빠   전혀.

면담자   그리고 이제 사진을 찍으실 수 있다는 게 나중에 카메라 잡고 할 때 도움이 많이 되었겠네요?

지성 아빠   저는 영상 카메라는 특별한 건 줄 알았는데, 그래서 생각을 안 했었는데, 만져보니까 제가 배웠던 일반적 사진기, 그 공부를 했더니…. 이 영상 카메라는 지금 시대가 좋아져서 카메라가 카메라 같지도 않은, 두려움만 있었던 건데.

<u>4</u>
카메라를 잡고 진실 규명에 힘 쏟는 이유

면담자   그런 특성을 가진 아버님이 지성이를 잃고 초기 투쟁 과정을 거쳐서, 제 기억에 2014년 8월 정도에 카메라를 잡기 시작하셨을 텐데, 지성이가 아버님에게 어떤 존재였기에 새로운 것도 다습득하고 배워가시면서 지금처럼 정말 끈질기게 하는지, 이런 이야기를 하고 싶은 거예요. 지성이 이야기를 조금만 하겠습니다. 아이들이 많은데 그중에서도 지성이는 아버님께 어떤 존재였어요?

지성 아빠　　자랄 때는, 아이가 많다 보니 키우기 좀, 지성이뿐만 아니고 자녀들을 키우는 데 여러 가지로 힘든 점이 너무 많았던 과정인데…. 세월호 참사가 일어나기 한두 달 전부터 아이와 굉장히 가까워지는, 키도 쑥쑥 자라면서 아이가 자기가 하고자 했던 거를, 도전을 한 세 번 정도 해서, 지성이는 이제 이런 연예계 쪽 가고 싶어서, 제가 데리고 강남에 어떤 그런 데 가서 테스트도 하고, 물론 합격도 했지만. 그래서 자기가 "스스로 공부를 한다"고, 그래서 부모로서 자녀가 스스로 "아빠, 저 공부해서 스튜어디스 되겠다"고 얘길 하는 게, 아, 그때는 기분이 너무 좋았습니다. 그렇게 해서 이제 없이 살아도 애가 배우는 데 학원을, 정식 학원은 아니고 약간 과외 하는 데라도 막 다니고…. 한 달 정도 다녔나? 그런 상황에서 아이하고 저하고 굉장히 밀접한 [관계가 됐었죠].

그 전에 지성이와 나와의 관계는, 언니들은 가정을 좀 도우는, 쉽게 말하면 좀 부모님들이 이렇게 어려운 과정에서 청소도 하고 설거지도 하고 이런 딸들이니까, 과정을 하는데, 지성이는 유독 그 일을 싫어했어요. 그래서 제가 지성이한테 아무래도 야단을 많이 쳤겠죠. 그 전까지는 지성이는 제가, "아빠는 감시자" 그리고 자기만 미워하는, 그래서 이제 "나만 미워한다"는 걸, 그런 생각하는지를 몰랐는데, 나중에 이 일이 있고 난 다음에 지성이 일기장에 그 내용이 있어서, 이렇게 집요하게 가는 이유 중의 하나도 그겁니다. 지성이가 일기장에 "아빠는 나만 미워해. 뭐가 없어져도 항상 나를 의심해" 그런 부분 [때문에].

면담자 지성이가 딸 넷 중에 막내딸인 거죠? (지성 아빠 : 네) 아버님, 참 독특하시네요. 보통 막내딸을 제일 이뻐하는데, 또 지성이는 워낙 외모가 예뻤잖아요. 죄송합니다, 아버님의 슬프고 아픈 데를 제가 찔러서. 결국 그런 일종의 미안함이 현재 아버님을 만들었다 이렇게 보시는 거네요?

지성 아빠 좀 이제 집요하다고 하는 그 표현이, 바깥에서 이렇게 보시면, 그러니까 우리 가족이 아닌 분들이 보면 "참 집요하구나"라고 말씀을 하시는데, 가족분들, 우리 부모님들 보면 그런 과정, 집요에 대한 과정이 왜 집요할까가 아니고, 이게 '너무 좋아서 하는가 보다' 하는 관점이 상당히 많이 작용을 하고 있죠.

면담자 아버님이 카메라 들고 진실 규명을 위해서 온 천지를 뛰어다니는 게 아버님이 좋아서 한다? 전 좀 아니라고 봐요.

지성 아빠 얼마 전까지 그런 관점이 상당히 많이 있었죠.

면담자 아버님은 어떻게 생각하세요?

지성 아빠 저는 지난 한 3년 동안은 이런 거 저런 거 생각할 겨를이 없이 오로지 그냥 우리 편으로 달렸고, 해가 금방 바뀌었지만 작년, 재작년 중간부터 '조금 틀을 잡아가면서 해야 되겠구나' 하는 관점이 [생겼어요]. 그러니까 "집요하다"고 하는 그 이야기가 실질적인 내막으로 들어가면, 누군가는 해야 될 일이라는 거는 명분이 확실합니다. '국가가 하든 정부가 하든 아니면 세월호 관련 있던 기관이 별도로 하든, 특조위가 있고, 부모가 하든 누군가 시민이 하든, 그래서 분명히 밝혀야 된다'고 [생각합니다]. 그렇게 많은 숫자가 서명을 하고 했는데도 불구하고 정말로 진실 규명하는 사람은 제 눈엔 없는 거예요. 그래서 내가 잘나서 하는 게 아니고 누군가는 해야 되는데, '그 누군가는 내가 해야 내 옆에 누군가는 같이 따라올 것이다', [근데] '보니까 그 누군가가 없더라', 물론 이제 부모님들도 몇 분 계시지만, 그래서 그분들하고 같이 가는 과정이죠.

다들 아이들에 대한 그런 사연이 각자 다 가지고 있고, 사람이기 때문에 '내 아이가 가지고 있는 슬픔이 가장 크다'라고 하는 인식을 가지고 있지요. 저 또한 그런 맥락에서 본다 그러면 아주 특이하고 특이한 케이스 중의 하나거든요. 아이하고 충분히, 배가 기울어갈 때 전화로 대화를 하고, 아이한테 안전 수칙을 내가 다 전하고, 그리고 그 통화 내용 과정에서 "가만히 있으라"고 하는 그 음성을 통화 과정에서 내가 듣고, 그럼에도 불구하고 "어떡하든지 배에서 탈출하라" 해서 아이가 나온 시점까지 확인이 되고, 친구들이 그 방에서 끄집어낸 것까지 확인이 되고, 그리고 나서 보통 우리 많은 아이들처럼 둥둥 떠내려가는 걸 해경이 건져 온 상황도 아니고, 유실이 돼서 또 미역 닻줄에 걸려서 보름 만에 올려왔던 그 과정.

그리고 일기장에서 말했던 "아빠는 나만 미워해" 하는 그 과정. 이런 것들이 다 어우러지면서 복합적으로 제 개인적으로 그러면 '내가 너만 미워하지 않았다'는 걸 이제 입증을 해야 하는 숙제죠. 보통

은 아이들한테 우리 어른들이 책임져야 하는 그런 과제지만, 저한테는 숙제가 그런 의미보다는 '내가 너를 미워하지 않았다'는, 지성이한테 대한 그런 부분들이 많이 있죠.

면담자   아버님이 성격이 원래 집요해서도 아니고, 또 일부 잘못 보는 것처럼 아버님이 카메라를 좋아해서도 아니고, 결국 말하자면 지성이와의 대화네요. 아버님 지금 말씀하신 것 중에 지성이가 배에서 어떻게 했다는 얘기를 하셨는데요, 통화 내용 등이 증언 기록으로 안 남아 있어요. 원래 4·16TV 중심으로 제가 구술을 하려고 했습니다만, 그 얘기만 조금 정확하게 남기도록 하겠습니다. 그러니까 지성이랑 통화를 언제 하신 겁니까?

지성 아빠   2014년도에?

면담자   4월 16일 당일 날?

지성 아빠   4월 16일 당일 날 9시 4분으로 내가 기억을 [해요]. 핸드폰에 그거를 가지고 있습니다.

면담자   지성이가 아버님께 전화를 한 거네요?

지성 아빠   지성이가 전화를 했는데, 지성이 핸드폰이 아니고 제 핸드폰에는 그 시간이 찍히고, 지성이는 친구 핸드폰을 가지고 나한테 전화를 했지요, 아침에. 그래서 제가 안 받을까 하다가 느낌이 이상해서 받았는데….

면담자   뭐라고 했습니까, 지성이가?

지성 아빠   "배가 기울어가고, 아빠, 배에 물이 찬다"고.

면담자   어떻게 해야 되냐고?

지성 아빠   전화가 왔는데, 제가 이제 모르는 전화번호니까 그때 만 해도 막 이상한 그런 메시지 오고 이런 과정에서 안 받을까 하다 [가] 느낌이 이상해서 받았더니 지성이더라구요, 친구 핸드폰을 빌려서. 그래서 이제 "아빠, 배가 기울어간다"고, "물이 찬다"고 그래서 그 상태를 다 물어봤죠, 배가 어느 정도 기울어졌는지. 처음에는 이렇게 삐딱하게 전화를 받다가, 저도 안 믿겨져서, 저는 이제 갑자기 그런 얘기를 해서 안 믿겨진다는 게 아니고, 저는 배를 알기 때문에, 제주도에서도 세월호만큼은 아니지만 대한민국에서 여객선이 두 번째로 큰 배들을 제가 늘 이용도 했고, 그렇게 했기 때문에 그래서 잘 안 믿겨졌었어요, 어떻게 보면 비행기보다 훨씬 더 안전한, 자동차보다도 더 안전한 그런 배이기 때문에. 전화를 받아서 그 얘길 하길래 제가 배가 지금 어떤 상태인지를 물어봤죠.

그랬더니 "배가 많이 기울어서 지금 물도 차고 그래서 위험하다" 그래서 제가 1차적으로 친구 핸드폰이니까 옆에 친구가 있을 것으로 생각을 해서, 구명조끼가 앞으로 채우는 게 있고 뒤로 채우는 게 있어요. 그래서 이제 혹시나 뒤로 채울까 봐, 다시 한번 "너 친구하고 구명조끼 입었니?"라고 물었더니 입었대요. "서로 돌아가면서 친구하고 서로 확인해라, 꽉 끼어 있는지". 그렇게 하고 둘이 확인했다고까지 제가 또 답을 듣죠. 그렇게 하고 그 방에 상태, "나오라"고 그러니까 못 나온대요. 제가 또 성질을 내죠. 상식적으로 제가 이해가 안 되는, 그러니까 제가 확 올라와서 "야, 이노무 자식아. 니가 거길 들어갈 수 있었으니까 그 방에 있지. 니가 못 나오는 데가 어딨냐"

[하고] 나는 이제 문 쪽으로 나와라 그랬는데, 한참 얘기하다 보니까 배가 기울어놓으니까 그쪽으로 갈수가 없고, 맨 위쪽에 매달려 가지고 전화를 하는 상황이었던 거죠.

그걸 파악을 하고 "거기에 분명히 소화기가 있을 거다. 그래서 그거라도 들고 깨야 된다" 그랬는데 소화기도 없대는 거야. 그래서 제가 거기서 한 번 또 한 번 올라오는 거죠, 큰 배가 분명히 소화기가 있다는 걸 내가 아는데. 그러고 나서 이제 "비니루[비닐]에다가 핸드폰을 잘 싸놔라. 분명히 또 아빠가 연락을 취해야 된다" 아주 뭐 침착하게 그런 거까지 이야기를 하고 그랬더니, 또 "비니루가 없다"고 그래서 "이 새끼야, 그 방에 어저께 밤에 친구들하고 과자 먹은 과자봉지, 빈 봉지라도 있을 거 아니냐. 그걸 해서 어떡하든지 묶어서 잘 놔둬라" 그러니까 통화를 하면서 이게 친구 핸드폰이라고 하는 감을 잊어버린 거예요. 나중에 이제 우리 바로 위에 언니가 지성이는 핸드폰 [갖고] 나가면 쪽팔려서, 2G니까 "바로 집어넣는다" 그러더라고요. 나중에 올라왔는데 지성이 핸드폰은 캐리어에 모든 게 다 담겨져 있더라구요.'

면담자   그러면 지성이가 아버님 전화를 받고 어쨌든 방 밖으로 나왔잖아요. (지성 아빠 : 네) 어떻게 나왔어요?

지성 아빠   그거는 이제 지성이가 생존자로 있었기 때문에, 아, 참 기가 막혀서….

면담자   진도 처음에 내려갔을 때?

지성 아빠   예. 처음 내려갔을 때 지성이는 생존 명단에 있었기 때문에, 애 옷 갈아입힐려고 새 옷, 마른 옷 이런 걸 다 준비해서 그러고 갔는데, 친구들이 "지성이를 봤냐?" 그러니까 봤더라고, 생존자 아이들이. 그 당시에 진도체육관 지하에 운동하는 시설에 아이들을, 생존자 아이들을 데리고 있었거든. 걔네들도 물론 정신이 없는 게 당연한 거죠. [근데] 본 아이가 있더라구요. 걔네들도 말이 막 섞이는 거죠. 그래서 아, 어찌 됐든 간에 지성이를, 그 방에 기울어져 있는데 창틀이 높은데, 그 창틀에서 애들이, 쉽게 말하면 이제 세월호에 복도가 되는 거죠. 거기서 매달려서 창문을 열고 아이들이, 지성이하고 또 한 친구를 이렇게 어깨, 등허리를 옷을 잡고 끌어 올린 것까지 확인이 됐죠. 나온 거는 그 P21이라고 하는 방, 30명이 들어가는 방에서 나온 거는 확실한 거예요.

면담자   그다음은 구체적으로 확인이 안 되고.

지성 아빠   네. 이제 거기까지 걔네들하고 같이 움직였으면 생존자였을 건데, 아마 짐작이 아니고, 원래 지성이는 애가 깡마르고 그래도 의리가 있어서 아마 혼자 나오지 않았을 거예요.

면담자   좀 무리를 했다가 결국은 살아 나오지 못하고. 그리고 그런 상태에서도 조끼를 입고 있었기 때문에, 해경이 그 당시에 주변에 있었으니까 지성이를 찾는 게 가능했을 텐데 그러지도 못했네요?

지성 아빠   그러니까 집요하게 간다구요. 분명히 구명조끼도 있었고, 나중에 어부가 아이를 건져 올리는데도 구명조끼가 착용한 채로 올라옵니다. 그건 무엇을 의미하냐면 배에서 어찌 됐든 건 간에 나왔으니까 유실이 된 상황인데, 결국 그것도 일종에 가장 작은 죄를 적용하면 방조가 되니까.

면담자　　　지성이의 경우는 증언을 참고하면 명확하게 생존자 아이들이 나오는 그 시점에 배 밖으로 나왔고 그 주변에는 해경 기타 등등이 있었던 상황인데 결국은 지성이를 발견을 못 한 거네요? 그러니까 동거차도 쪽에서 아이가 발견되는 상황이 됐던 거죠.

지성 아빠　　　제가, 다른 부모님들은 잘 이해를 못 하겠지만, "거기 주변에 그물이라도 쳐라. 맨날 수백 명 동원해 가지고 하고 있다고 그러지 말고" [하고], 그 당시에 이주영 해수부 장관하고 김석균 해경 청장을 임시 천막에다 부모님들이 모셔놓고, 제가 그 얘기를 전달을 하거든요. 그 당시에 고발뉴스 이상호 기자가 있을 때, "다른 거 하지 말고 빨리 그물 쳐라. 펜스를 쳐라. 두 겹, 세 겹" [하고 이야기를 했었거든요]. 애들 찾으러 막 섬에다가 모든 해경을 다 풀어서 찾고 있다 그러는데 "그거 하지 말고 일단 그물부터 쳐라"고 제가 이야기하죠, 왜냐하면 지성이의 거기까지의 과정을 내가 확인을 했기 때문에. 결국에는 그걸 하지 못해서 유실이 된 거죠. 나중에 그런 방지막을 제대로 쳤는지.

면담자　　　결국은 지성이는 틀림없이 살아 나올 수 있는 상황이었고, 배 밖으로 나왔음에도 불구하고 지성이가 유실되고 말았던 것을 생각하면, 이건 반드시 진실을 밝혀야 되는 거죠, 배가 왜 침몰했는지 뿐만이 아니라 누가 왜 구조하지 않았는지까지. 그리고 나중에 이제 지성이 일기를 읽고, 지성이에게 아빠가 미워하지 않는다는 거를 증명하는 것, 여기까지가 아버님이 지금까지 카메라를 잡고 있는 이유다, 제가 들은 바를 정리하자면 그렇게 되네요? (지성 아빠 : 네) 이게 좀 많이 힘든 얘기가 돼서, 농담을 좀 섞겠습니다. 제가 정리를 꽤 잘하지 않습니까?(웃음)

지성 아빠   네(웃음).

5
수습과 장례 후의 상황들

면담자   지성이 나온 다음에, 그러니까 4월 말이겠네요?

지성 아빠   4월 30일.

면담자   그러면 아버님이 안산으로 와서 장례를 끝내고 활동 시작하신 게 결국은 5월 초 정도겠네요?

지성 아빠   그때는 활동 안 했습니다.

면담자   지성이 장례 지내고는 활동을 안 하셨어요?

지성 아빠   활동이라고 하면, 지성이가 좀 한 보름 정도 걸려서 나왔는데 아이를 데리고, 그 당시 화랑유원지 분향소 들르고 이렇게 했는데, 아이를 보내고 나서 장례를 치르고 나서, 지금은 가족협의 회지만 그때는 가족대책위라고 막 태동을 할려고 안산 어딘가에서 모였던.

면담자   와스타디움에서요.

지성 아빠　　네. 와스타디움에서 모였던, 두 번 정도 모였었는데, 저는 거기에 가면서 그때는 '아이의 부모들이 아니다'라고 생각을 했습니다. 쉽게 표현해서 '사람들이 아니다'라고 판단을 했어요. 왜냐면 아이들이 아직도 많이 올라오지 않았는데 뭔가를 만들어가지고, 쉽게 말하면 반장 선거, 부반장 선거, 이런 개념으로 이걸[조직을 구성]하고 있더라고요, 중구난방이고 그래서. 저는 그래도 어느 정도 아이들이 올라오고 난 시점에 그렇게 해야 되는 게 원칙이라고 생각을 하는데 너무…, 저는 사람으로 안 봤습니다. "지금은 그렇지 않다"라고 저는 얘기하고 싶지 않아요. 지금도 그 생각은 변함이 없습니다.

　제가 다른 부모님들하고 틀린[다른] 개념이, 팽목에 있을 때 당연히 우리는 그냥 일반 국민이고 엄마, 아빠였지만, 팽목에 있을 때 대책위라고 하는 게 세 개가 있어 가지고 아웅다웅하는 그 현장에 제가 다 있었거든요, 제가 늘 거기에 있었기 때문에. 그런데 그 당시에 있으면서 일반 시민분들 대책위, 그다음에 단원고등학교가 학생들이 많다 보니까 당연히 단원고 중심인데, 팽목에 계시는 부모님들 주축으로 대책위, 그다음에 진도체육관에서 계시는 부모님들의 대책위. 그 당시에는 뭐 전부 다 똑같은 마음으로 갔겠지만 어찌 됐든 간에 그 당시에 충돌이 있었거든요. 그래서 그런 충돌을 겪으면서 거기도 미처 해결이 제대로 이루어진 것이 없는데, 여기 [안산에] 왔더니 여기서 또 이제 단원고 중심으로 그런 일을 하길래, 지금은 제가 '사람이 아니다'라는 그렇게까지는 표현을 못 하지만, 지금도 생각을 해보면 저는 '온전치 않다'.

　그렇게 한 게 나쁘다고 잘못된 게 아니고, 그 당시에 밑에 있던 부모님들의 상황이…. 굳이 뭔가를 꾸릴려고 그랬으면 차라리 밑에 와서 꾸렸어야 되는 거지. 그렇게 오니까 지금 밑에서는 식음을 전폐하고 아이를 기다리고 있고 여기서는 "뭔가를 해보자"고 그러는데, 이게 밸런스가 조금 [안 맞죠]. 아이들이 올라온 숫자가 조금 많았을 뿐이고 저기 밑에서는 아직도 계속 진행형이고 이런 상황이 되다 보니까. 그래서 견디지를 못하고 지성이 장례 치르고는 여기 상황보다가, 이틀 만인가 삼일 만에 팽목에 가 있었어요, 쭉. 또 올라오지 못한 분들, 올라오면서 다 똑같이 느꼈지만 애 찾아오면은 못 찾은 분들한테 죄인이 돼가지고.

면담자　　　그러면 팽목에는 어느 정도 계셨어요? 아마 5월 중순 전에 팽목에 내려갔을 텐데.

지성 아빠　　　6월 달, 6월 달까지 아마 거의 있었던 거 같애요.

면담자　　　제가 5월 7일쯤부터 진도체육관에 내려가서 있었고, 그러다가 6월 초에 올라와 가지고 중순 정도부터 주기적으로 안산으로 와서, 김종천 국장하고 기억저장소 만드는 일들을 진행하고 있었는데요. 그때는 아버님이 안산에 계셨어요, 6월 중순에, 제 기억에는.

지성 아빠　　　그래요?

면담자　　　등산복 차림을 하고, 비교적 홀쭉하시니까 외모 때문에 제가 아버님 계셨던 거 기억을 하고요. 또 진도에 계신 목사님들 일부가 부탁을 해서, 그 목사님들 행사하는데 지성 엄마, 아빠 제가 소개한 적 있잖아요. 그거는 여름이었던가요?

지성 아빠   여름이었어요. '진도 씨 페스티벌'이라고.

면담자   네, 그래서 제가 초기에 아버님 모습을 기억을 하거든
요. 어쨌든 6월 중순부터 활동을 하셨을 때는 주로 어떤 활동을 하
셨어요?

지성 아빠   애 찾아서 정리하고 난 다음에 팽목에 있다가, 그다음
에 이제 왔다 갔다 하는 타이밍이 잦아지죠. 그러면서 이제 지금의
기억저장소를 만나게 되고, 실질적으로 어떻게 보면 안산에 제가 있
게 되는 그런 과정이 지금의 기억저장소라고 하는 그런 부분이 돼야
되겠고, 그리고 기록에 대한 부분을 제가 상당히 예전부터, 그런 거
를 관심이 많은 게 아니고, 그거는 저한테 '의당 당연히 모든 게 있어
야 된다' 하는 그런 개념이었기 때문에. 그리고 나서 카메라에 대한
[카메라를 든] 과정은 2014년도 8월 6일 날인가, 저희들이 국회에 단
식 들어가면서 [들기 시작했죠]. 그래서 이제 이틀 뒤에 정식으로
4·16TV가 첫 방송이 나가죠.

면담자   4·16기억저장소를 보고, 이게 아버님이 생각하시는
'유가족이 해야 될 굉장히 중요한 일이다'라고 판단을 하시고 기억저
장소 팀이랑 같이 움직이기 시작하신 거네요?

지성 아빠   '유가족이 해야 할 중요한 일이다'까지는 생각을 안 하
고, '기록은 반드시 꼭 제대로 돼야 된다, 훗날을 위해서'.

6
박근혜와의 통화 이후 지속된 감청 의혹

면담자　　　제 개인적인 느낌은 아버님이 굉장히 입장이 명확하시고, 다른 유가족들이랑 별로 안 섞이셨거든요.

지성 아빠　　잘 보셨습니다.

면담자　　　그러셨죠?

지성 아빠　　네, 지금도 그렇습니다.

면담자　　　지금은 많이 섞이셔요, 그때에 비하면(웃음).

지성 아빠　　그때에 비하면 그렇죠. 그거는 이제 서로 알고, 지금은 서로 알게 되고 하는 그런 과정이라서 그런 거지. 지금도 좀 미안한 얘기지만, 의도적으로 그렇습니다.

면담자　　　기억저장소에서 여러 활동을 할 때마다 주변에 아버님은 계셨고, 그러던 중에 이제 국회 농성에 들어가는 거죠? 그게 국회 농성 들어간 게 7월이죠?

지성 아빠　　여기 지금 굉장히 중요한 게 중간에 빠지는데, 잘 섞이지 않고 지금도 잘 섞이지 않는 의도적인 행동에 이유가 분명히 있습니다, 그 이유도 지금 제가 [카메라 들고] 달리는 [이유] 중에 하나고. 왜냐 그러면 제가 "정치, 정계에 밝았다" 그랬잖아요. 팽목항에 제 형님이랑 우리 사위랑 있는데, 형님이 저한테 하루에 한 서너 번씩 계속 이야기를 해요, 형님도 보고 나도 보고, 정보관들이 움직이는 상황을. 움직이는데 제가 거기서 조금 일종에 튀는 행동, 그 당시는 서로가 부모님들도 모르는 상황이지만 세월호로 인해 가지고 어떻게 이거를 뜻을 모아가지고 어떻게 가야 되느냐 하는 그런. 배에 들어가고 배를 잡고, 방송에 대해서 나가는 거를 방송을 잡고, 이런 의견을 사다리에 올라가 가지고 거기 팽목항 임시 안치소에서 막 하는 과정에서 제가 목소리가 계속 올라가지요.

그러면 이제 저도 그런 걸 느낌이 옵니다, 움직이는 상황이, 보통 부모님이 생각하지 않는. 저는 항상 바깥을 늘 벌써 눈여겨봤죠. 그게 아이를 보내고 3일째 되던 날인가 4일째 되던 날, 지성이가 살아 있다고 하는 거는, 말은 "희망이 있다"라고 하지만 사실 실질적으로는 '살아 있을 확률이 없다'[고 판단했죠]. 그래서 제가 안산에 와서 이미 겨울옷을 다 챙겨서 아이들한테 "지성이 안 찾아오면 안 올라오고, 찾으면 올라오마"라는 가족회의를 짧게 하고, 제가 그렇게 겨울옷을 가지고 아예 내려가지요. 그때부터 모든 상황을 거의, 바깥의 흐름을 캐치를 하고, 그런 과정에서 형님이 늘 그러시는 거예요, "종택아, 너 조심해", "형, 나 알아요". 이게 내가 타깃이 된다는 걸 내 스스로 몸으로 이걸 느끼고 있는 거예요.

그래서 움직일 때는 항상 정보관들이 따라붙는다는 걸 이미 시작이 됐고, 그래서 내 나름대로 개인적으로 빙빙빙 도는 상황도 굉장히 많았습니다. 그렇게 했기 때문에 거기서 제가 지성이를 기다릴 때 박근혜 대통령하고 14일 날 저녁에 통화를 하지요. 하여간에 박근혜 대통령하고 통화를 하고, 그다음 날 아침이 되어서 민경욱 청와대 대변인이 저한테 전화가 오고 난 그 순간부터 제 핸드폰에서 소리가 나는 거예요. 제가 안 잊어먹습니다. 딱 7초, 거의 7초 간격으로 핸드폰이 뚜, 뚜, 뚜 그러는 거야. 저녁에 박근혜하고 통화하고 나서 아침까지 전화가 오는데, 기무사 소장이죠. 그리고 청와대, 하여간에 높다고 하는 놈들 전화를 제가 연타로 다 받았으니까. 형식은 그런 거지, "대통령께서 직접 챙기랍니다. 불편하신 거 있으면 저한테 전화하세요" 전부 다 지한테 전화하래. 제가 그걸 받으면서 저는 느낌이 오는 거예요, "너 까불지 마. 너 관리 대상이야" [하는 느낌이].

면담자   지금 말씀하시는 거는 언제를 얘기하시는 겁니까?

지성 아빠   16일 날 사고가 나서 그날 저녁에 박근혜가 오지를 않고, 정홍원 국무총리가 외국에 아마 순방에 나가 있었는데, 급히 제일 먼저 정홍원 국무총리가 오고, 그다음 날 박근혜 대통령이 오지요. 그래서 이제 그때 임시로 사회를 보시던 분한테 박근혜가 와서 질문을 하는데, 그 질문에 마지막으로 제가, 다 뭐 질문이 많으니까, 그래서 제가 그때 이야기를 하지요, "다른 이야기 아무리 해도 안 믿으니까 작업, 현장에 작업을 하고 있는 그 영상, 현장 영상을 여기다 띄워라". "뭘 원하느냐?" 그래서 "띄워라. 그리고 여기다 스크린을 설치해라". 그리고 또 한 가지, 이게 이제 죽어버린 거죠. "UDT 특공대원 다 해가지고 그런 거, 얼마든지 그런 얘기 하지 말고, 다 필요 없으니까 아이를 한 명만 구해라" 제가, 이제 저는 머리를 굴리는 거죠. 하나 나오면 열 나오고 백 나오잖아. 그래서 저도 그 얘길 합니다, 의도적으로. 사실 묻고 싶은 질문은 '우리 지성이가 생존자인데 우리 아이가 없다' 이 물음이 있는데 그거를 뒤로 그냥 꾹 집어넣고, 전체의 배를 타기 위해서 제가 그거를 가지요. 그래서 대통령한테 내 핸드폰을 줄려고 해서 받을려고 하는데, 거기 비서관인가 그 번호를 따서, 진도체육관에서 저녁에 "약속을 해라. 업무에 바쁘지만 나한테 전화를 다오" [했지요]. 공적으로 다 모여 있는 그 슬픈 상황에서, 그 대답을 약속을 할 수 있을 거라고 판단을 했는데, 꼼작 못 하지 뭐, "전화하겠다" 그러더라고.

면담자 　박근혜가 진도에 온 날 밤부터 통화가 시작된 거네요?

지성 아빠 　그때 질문을 하고, 그리고 "돌아가서 이 조치를 제대로 했는지 확인을 한 다음에 자기 전에 나한테 전화를 해다오. 약속을 해라" [했어요].

면담자 　전화가 온 게 언제냐는 거죠.

지성 아빠 　그날 저녁에요, 대략 한 10시 정도.

면담자 　그다음에 핸드폰에서 삐, 삐 7초 간격으로 '삐, 삐' 소리가 나고?

지성 아빠 　그건 이제 아침이 돼서 박근혜 대통령이 세월호 유가족과 전화 통화를 한다는 약속을 지켰다는 걸 언론에 내보내야 되는데, 내가 입을 다물고…. 제가 특별하다고 그랬잖아요. 제가 일부러 입을 다물고 있는 거예요, 이용당하기 싫어서. 그 전 과정을 이야기하면 너무 길어요. YTN을, 제가 "안에 들어가서 작업을 하지 않고 있다는 걸 갖다가 라이브를 때려라" 그럽니다. 우리 부모님들이 배를 타고 들어가는 과정이 나왔는데, 제가 그날 배를, 언론들을 다 막

아셨어요, "여기 태우면 안 됩니다"라고. "부모님들, 이 현장을 갖다가 라이브로 할 수 있는 언론만 우리가 태워야 된다. 가짜 방송이다 전부" 그러니까 거기에 동의를 해주시더라구요.

그래서 "라이브로 할 수 있는 방송은 손 들어라" [했지요]. 다 와 있었잖아요, 그 당시에 엄청난 일이니까. 두 개가 나오는데 안산 티브로드는 생방이 안 되고, YTN이 "가겠다" 그러더라고. "그러면 YTN 하나만 싣고 나머지 언론들은 다 빼" 그렇게 하는데, YTN이 그때 팀장을 제가 알고 있습니다. "안에 데이터 상태가 좋지 않아서, 저희들이 한 번 나가 보니까 생방이 안 될 경우가 있습니다. 사정상" [그래서] "그래? 인정하마. 그러면 나와가지고 적어도 우리 부모님들, 같이 들어간 부모님들, 다섯 분을 여기 나와서 라이브로 인터뷰하는 걸 그대로 내보내라. 되겠냐?" [그랬더니] "되겠다" 그래서 YTN을 제가 실어 보내고, 저는 굴뚝같이 그 배를 타고 싶지만 내가 YTN을 지키기 위해서 YTN 자동차 그 옆에 개랑 같이 그거를 지켜보고 있는 거죠, 배에 들어갔다 나올 때까지.

그 상황이 되니까 제가, 가장 우리 남자들끼리 하는 불알친구, 학교 친구, 직장의 동료들, 그런 과정들이 제가 친인척들까지, 대표될 만한 사람한테 제가 전화를 해요. "날 도와주는 건, 걱정돼서 다들 전화하는 건 알고 있는데, 정말 내가 지금 필요한 거는 나하고의 연락을 끊어라. 찾아오지 마라" 제가 직접 전화를 합니다. 원체 상황이, 내 상황이, 다른 사람들은 그런 걸 못 느끼는데 저는 이게 피부적으로 내 몸을 조여오는 게 느껴지는 거예요, 그 현장에서. 그래서 정말, 우리 살다 보면 친한 친구들 있잖아요, 와이프까지도 다 알고

지 집이나 내 집이나 관계없이, 그런 아주 40년 되는 친구한테도 제
가 "일절 여기 오지도 말고 전화도 하지 마라. 이게 날 도와주는 거
다. 긴 얘기를 못 한다" 그리고 그 얘기도 합니다. "지금 내 전화가
빨린는데 너도 여기까지 빨린다" 그래서 "끊어라, 내가 전화할 때까
지. 내가 직접 됐다 할 때까지 끊어라. 정말 그게 날 도와주는 거다.
이거를 니 친구들한테 니가 얘기를 이제는 해라"라고 얘기를 하지
요. 그러니까 제 형제부모, 집사람 형제부모까지 제가 다 단절을 시
키는 상황이 되니까, 제가 어떤 특정한 부분의 거리를 제 스스로 만
들어나갈 수밖에 없는 그런 과정의 연속이 [되었던 거죠].

면담자   말씀 중에 '전문용어'가 나와서, '빨린다'는 건 뭘 뜻하
는 겁니까?

지성 아빠   아, '통화 내용 이런 것들이 다 정부에 의해서 감찰이
되고 있구나'.

7
4·16TV 시작 과정

면담자   4·16TV 얘기로 넘어갈게요. 아버님, 카메라를 처음
잡은 거는 광화문 농성에서 잡지 않으셨어요?

지성 아빠   아닙니다, 국회에서.

면담자   광화문으로 넘어가기 전에 잡으셨네요?

지성 아빠   광화문은 [시민기록위원회의] 김종천 국장이 왔다 갔다 할 수 있었고, 저는 왔다 갔다를 안 하는 게 집사람이 단식을 들어가 있어서 옆에 이제 보조로 [있어야 했어요]. 원래 제가 단식을 들어가야 되는데, 제가 그 단식 결정하기 하루, 이틀 전인가 설사가 나가지고 할 수 없이 집사람이 하고, 그래서 이제 광화문에 다섯 분 보내고 국회에 열 분이 남아 있는 그 과정을 만들어서, 부모님들 "쭉 줄 서시라" 그래서 "광화문 가시는 팀들 아무래도 바깥이고, 매연이고, 날도 더운데 그래서 박수라도 쳐드립시다" 그래서 국회 마당에서 만들어서 보내드리는 그런 과정에서, 4·16TV는 국회에서 밤새도록, 기억하실지 모르겠는데 아이들한테 올라왔던 미공개 영상을 그때 거기서 만들게 되지요, 김 국장이 고생을 하고. 4·16TV가 인터뷰하는 과정은, 미리 조금은 광화문 쪽에서는 있었는데, 공식적으로 "시작합니다" 하는 멘트와 함께 가는 거는 국회에서 저녁에 하게 되죠.

면담자   그러면 아버님께 이런 일을 하자고 누가 제안을 했습니까, 아니면 아버님이 김 국장에게 이런 거를 하자라고 제안했습니까?

지성 아빠   저장소에 그 당시에는 방송이 아니고 기록을 위해서 처음에 지정이 됐던 부분이거든요. 그래서 거기 기록을 함으로 인해서 자연적으로 그냥, 김 국장이 [영상 촬영] 그거를 하니까 "그러면 이거 [방송]도 만들자" 그렇게 해가지고, 이제 [성호 누나 박]보나하고 저하고 김종천 국장하고 이렇게 [하게] 된 거죠.

면담자   그러니까 그 당시의 명칭을 명확히 할 필요는 있겠네요. 그 당시에는 시민기록위원회였죠?

지성 아빠   시민기록위원회.

면담자   시민기록위원회 활동을 진두지휘하던 사람이 김종천 시민기록위원회 사무국장이었는데.

지성 아빠   그렇죠.

면담자   이 김 국장이 안산에서 미디어 운동을 하던 분이시거든요. (지성 아빠 : 네) 원래 카메라를 잡던 사람이니까 다른 여러 가지 기록도 하지만, '영상으로 기록을 남겨야 된다'는 문제의식을 갖고 있었고, 첫 활동은 아이들 핸드폰에서 올라온 영상을 편집하는 일부터 시작했다 이런 말씀이세요? 첫 일은 무엇이었어요?

지성 아빠   저는 거기에 몰라서, 편집이나 이런 걸 전혀 모르는 상황에서 저는 밤새도록 김 국장이 [국회] 본청 마당에 바람 부는데 거기 책상을 놓고 [영상] 만드는 과정을 옆에서 응원하는 마음으로 있었던 상황. 그게 광화문으로 나가고 나서 방송은, 이틀 전인가 8월 7일 날인가 아마 광화문으로 그게 나갔을 겁니다. 그리고 우리는 그게 끝나고 나서 4·16TV방송은 8월 8일 날, 그 당시에 유스트림[Ustream]이라고, 유튜브를 하지 못하고 이런 과정을 전혀 모르다 보니까, 그래서 그 당시 대안언론들, 뉴스타파, 고발뉴스, 팩트TV 이런 분들이 옆에 와서, 그분들이 다 도와주셔 가지고 어찌어찌 첫방을 하게 됐지요.

면담자   저도 기억에 생생합니다만, 아버님이 응원하고 김종천 사무국장이 편집한 아이들의 핸드폰 영상을 음성까지 엄청 큰 소리로 광화문에서 처음 공개를 했거든요. 그 "나는 꿈이 있어"부터 시작해서 정말 여러 가지 내용이 나왔는데, 그것이 사람들에게 준 임팩트가 엄청 컸어요. 아버님은 그 영상 보시고 어떠셨습니까?

지성 아빠 　저는 또 다른 일을 해야 되어서 그게 그렇게 엄청난 파장을 일으킨다는 거를 한 일주일 정도는 거의 몰랐습니다. 왜냐하면 국회 있으면서도 저희들이 그냥 있는 게 아니고, 화장실 가는 것도 막아가지고 싸움하고, 또 [단식하는] 부모님들 열 분들 잠자리도, 저희 집사람이 있지만 집사람 것만 챙기면 그렇잖아요. 그래서 거기 계신 열 분들, 나 대신 굶어가면서 하고 있는데, 잠자리 개고 잠자리 펴주고 씻고 정리하고, 어떡하든지 편하게 계시라고 그거 하면서, 거기 국회 내에서도 뻘짓 하는 언론들이 있는지 계속 감시하고, 밤새도록 또 어떤 놈들이 어떤 짓을 할까, 정말 참 지금 하라 그러면 못 하는데 그때는 '내가 이걸 해야지' 하는 그런 개념이 아니고, 그냥 '내가 당연히 이걸 지켜내야지' 하는 그런 개념이었죠.

면담자 　8월 8일 날 카메라 잡고 방송이 나가기 시작하는데요. 아버님 그때 카메라를 든 상태에서 아무 데나 가서 묻고, 대답하게 하면서 광화문 농성장을 누비고 다니셨거든요. 보통 카메라를 잡고 누군가를 인터뷰한다는 게 쉬운 일은 아니거든요. 아버님은 처음에 카메라 잡았을 때 어떤 느낌이었고, 쉽지 않은 일을 그렇게 적극적으로 하시게 된 힘이랄까 그런 건 어디서 나온 거예요?

지성 아빠 　제가 어떻게 설명을 드릴 수가 없는, 그냥….

면담자 　몸이 그냥 알아서 한 거예요?

지성 아빠   네, 그냥 '열심히 해야 된다'[는 생각에]. 가장 지금도 고민이 [되는 것이] 그때도 제가 분명히 기억을 하는데, 방송이 잘 안 되니까 이렇게 해가지고, 왜냐하면 제가 아까 초반에 말씀드렸지만 제가 신문광고, 잡지광고 언론을 통해서 보면, 제가 예전에도 방송, 광고를 하다 보면 잡지광고와 신문광고를 할 정도의, 회사의 물품이면 TV에서 광고가 나가는 일이 많습니다. 자연적으로 연예인들이나 광고 제작하는, 저희들은 "에이"라고 그러는데 영업하는 친구들, 대행사 제일보젤이나 나라기획, 금강기획 이런 애들하고 자연적으로 만나서 저녁에 술자리도 하고, 같이 일도, 본의 아니게 내 일은 아니지만 일하는 과정을 다 지켜보는 데서, 이렇게 보면 인터뷰를 해놓고 인터뷰가 안 나가는 게 거의 뭐 95프로 이상. 그리고 그분이 얘기하고자 하는 얘기는 한 10분의 1도 안 나가면서, 그 뒤에다가 자기네 얘기를 다 붙여서 해버리는 상황.

그래서 항상 그게 있었어요. 나는 처음서부터 숨 쉬는 소리까지 나는 무조건 다 내보내고 싶은데, 방송이 우리가 제대로 올라갈 수 있는, 업로드되는 이 과정을 저희들이 확실치가 않았었어요. 늘 항상 마음속에 그게 있는 거예요, '이거 나중에 못 내보[내]면 어떡하지?' 항상 그게 걱정이었지. 사람 만나서 묻고 이거 하는 거는 사실 그렇게 별로 걱정을 안 했습니다. '이걸 어떻게 빨리 좀 올릴 수 없을까. 이게 만약에 혹시라도 녹화가 안 되면 어떡하지' 이런 걱정에서만 움직였었기 때문에….

면담자   제 기억에 8월에 박영선 의원이 새누리당과 '세월호 특별법'에 합의한 것 때문에 그 당시에 대학교수들이 급조해서 단식

농성에 들어갔었어요. 그래서 성공회대의 한홍구 교수나 정해구 교수, 저도 같이 단식농성을 했는데.

지성 아빠   말씀하시니까 생각이 [나네요].

면담자   갑자기 오셔서 "4·16 참사와 특별법에 대한 좌담회를 하세요" 이렇게 요구를 하셔가지고 저희가 엉겁결에 천막에서 나와서 잔디밭에서.

지성 아빠   아, 그때 계셨어요?

면담자   우리는 지성 아빠의 강요에 의해서 (웃으며) 거기서 교수들이 좌담회를 했구요, 지성 아버님이 그거를 계속 촬영을 하셨어요. 아버님이 카메라를 든 지 2, 3일밖에 안 되었는데도 불구하고, 베테랑처럼 하셨습니다.

지성 아빠   혹시 이렇게 '저 뭐지? 저 건방지지?' 그런 개념은 아니었어요?

면담자   아닙니다, 저는 6월부터 지성 아버님을 개인적으로 알고 있었기 때문에.

지성아빠   다른 분들은 그렇게 생각할 수도 있었겠네요, '저 사람 뭐지? 갑자기?'

면담자   '대단한 유가족이 계시는군' 이렇게 생각을 했겠죠. 4·16TV 출범 초기에 대한 사실 몇 가지만 제가 확인을 좀 하고 다음 얘기로 넘어가겠습니다. 우선 카메라는 누가 제공했습니까?

지성 아빠   김종천 국장이, 제가 알기로는 안산에 '희망'이라고 하는 재단에서 [지원받아 가져 왔죠]. 지금도 있습니다. 저는 나중에 알았습니다.

면담자   그 탱크만 한 카메라요?

지성 아빠   예. 지금 저 옆에 있는데, 얼마 전에 고장이 나서…. 그래서 저걸로 하게 됐고, 캠코더가 하나 [더] 있었죠.

면담자   캠코더는 누가 제공했는지 혹시 아십니까?

지성 아빠   그건 모르겠습니다.

면담자   아버님은 누가 그런 장비들을 제공했는지도 모르는 상태에서 그 카메라들을 들고 방송을 시작하신 거네요.

지성 아빠   네(웃음).

면담자   어느 정도는 편집이 필요하고 그랬을 텐데 그거는 어떻게 했습니까? 박보나 씨가 옆에서 많이 도왔습니까? 누가 그걸 같이 보조했죠?

지성 아빠   보나가 2014년도 11월까지인가 있었을 거예요. 그다음에 학교 때문에 [그만두었죠]. 아무래도 젊었으니까, 보나가 오만 가지 악성 댓글을 대처하면서, 보나가 컴퓨터를 잘 만지니까. 그 당시에는 방송이 어려웠던 게 지금처럼 핸드폰이나 카메라로 다이렉트로 연결해서 방송을 한 게 아니고 노트북을 거쳐서 방송이 나가는 상황이니까, 카메라와 노트북이 항상 전선으로 연결되는, HDMI 선 [케이블]이라고 그런 [거로 연결해서 송출하는] 시스템이다 보니까, 조금이라도 누가 흔들리거나 바람이라도 세게 불면 그냥 끊어져 버리는 이런 상황에서, 보나가 컴퓨터를 만지고 김종천 국장이 카메라를 들고, 제가 앞에서 할 수 없이 멘트를 해야 되는, 저절로 그렇게 짜지는 상황에서 [방송을 했던 거였죠].

면담자   촬영이나 인터넷 서비스를 위해서 그 당시에 주로 조언을 많이 해준 분들이 어떤 분들이세요?

지성 아빠   대안언론들이죠, 대안언론들이고.

면담자   대안언론 쪽 카메라 기자들?

지성 아빠   그렇지요. 대안언론들이 카메라 기자라기보다 그분들도 1인 3역, 4역 하시는 분들이거든요. 그러다 보니까 이제 전체적으로 리듬을 알고, 그 안에서도 모여가지고 국회에서도 얘기가 다양하게, 본인들 방식이 다 각자 틀리더라구요[다르더라구요]. 대안언론이 고발[뉴스]이나 팩트[TV]나 이런 사람들이, 각자 자기네들이 하는 방식이 또 틀리더라구. 그래서 이제 그렇게 도움을 주시는 게, 그 당시에는 제가 또 많이 사실 속으로 짜증이 났습니다. 이 사람은 "이렇게 해야 된다"고 그러고, 저 사람은 "저렇게 해야 된다", 우리는 지금 이렇게 가는 것도 힘든데 지금. 해보니까 또 안 되고 그러니까….

면담자   주로 고발뉴스나 팩트TV 쪽의 도움을 초기에는 많이 받으셨네요? (지성 아빠 : 네) 그 이외에 미디어 운동을 하시는 분들이 아버님 TV 작업하는 거 돕겠다고 접촉을 하거나 이런 경우는 없었습니까?

지성 아빠　　　그런 부분은 없죠. 그분들은, 직접 본인들이 "현장에 가서 촬영하고 기록을 남기겠다"고 하는 분들은, 제가 계약서도 가지고 있지만, 계시고, 여기서 같이 도움을 주겠다고 하는 분들은 없었죠. 본인들이 다 "뭔가를 하겠다"[고 해서 촬영을 하신 거고요].

면담자　　　아버님, 한 5분만 휴게했다가 조금 더 하겠습니다.

지성 아빠　　　제가 요게 [카메라를 가리키며] 중요한 게, 저도 굉장히 중요하다는 걸 나중에 지나서, 재작년인가요? 김 국장한테 [기억저장소를] 나가시고 물어봤어요. "도대체 이 카메라가 어떻게 된 거냐?" 저도[제가] 그랬더니 김 국장이 "희망이라고 하는 재단에서 후원을 해줬다" [해서] 저도 그때 알게 된 거죠. 저는 그 전까지는 김 국장님이 [개인] 카메라 가지고 오신 줄 알았죠.

면담자　　　개인 카메라를 쓴 줄 아셨던 거네요.

지성 아빠　　　그만큼 어두웠던 거지.

면담자　　　조금만 쉬겠습니다, 아버님.

8
4·16TV 송출 안정화 과정

면담자　　　8월에 4·16TV를 시작하셨을 때 인터넷 송출은 어떻게 하셨는지 간단하게 말씀을 해주시죠.

지성 아빠　　　제가 그 핸드 마이크를 들고 앞에서 얘기를 해야 되고, 누군가하고 얘기를 해야 되는 상황이라서 실질적으로 그걸 정확히 제가 기억을 못 해요. 그 부분은 보나가 김종천 국장하고 [알아서 했지요].

면담자 　　 처음에는 유튜브로 송출을 했죠?

지성 아빠 　 처음에는 유튜브로 송출을 했던 거 같고, 두 번째는 잘 안돼서 유스트림으로 갔다가 지금은 뭐 확실하게 유튜브로 가는 그런 [식이 됐죠].

면담자 　　 대체로 10월, 11월 이 정도 시기에 유튜브로 다시 돌아와서 안정이 됐다 이렇게 보면 되겠습니까?

지성 아빠 　 제 기억은 그때도 안정이 안 됐던 거 같습니다.

면담자 　　 그러면 2014년 말쯤이나 돼야 송출이 안정화됐다고 볼 수 있겠습니까?

지성 아빠 　 저는 아마 그렇게 [기억합니다].

면담자 　　 네, 알겠습니다.

지성 아빠 　 그러면서도 기계적인 결함은 계속 따라 있어서, 늘 제 기억에는 제대로, 하여간 2014년, 2015년 중반까지는 제대로 방송다운 방송이라고, 표현이 좀 그렇지만, 제대로 했던 기억이 저는 없습니다. 2015년 중반까지도 늘 불안한, 2015년도 전체가 그랬습니다. 왜냐 그러면 그때 광화문에서, 제가 왜 기억을 하냐면 경찰들하고 맨날 싸움을 하고 밀고 땡기는 그런 과정에 있어서, 노트북을 끼고 방송을 하는 자체가 생방을 할 수가 없었거든요. 그러면 이제 그래도 어떻게 해볼려고 저는 카메라를 들고 경찰들한테 쫓아가고 그러면 보나가, 줄이 한계가 있기 때문에, 보나가 노트북을 들고 저를 또 쫓아와야 되거든요. 이런 상황이 되다 보니까 조금만 뛰다 보면 줄이 흔들리면 [방송이] 나가지 못하니까 그런 현장들은 라이브를 거의 못 하고, 결과적으로 카메라 들고, 경찰들도 캠코더 카메라 하고, 결국은 카메라 갖고 칼싸움을 하게 되죠. 촬영을 열어놓고 녹화는 되니까 녹화만 눌러놓고, 카메라 가지고 정말 칼싸움 많이 했어요. 이 삼각대 길이가 있으니까, 걔네들은 카메라가 많고 우리는 카메라가 없으니까….

면담자   칼싸움이라고 하시면 어떤 걸 얘기하는 거예요?

지성 아빠   경찰이 불법으로 우리를 촬영하고, 우리 가족들을 괴롭히는 그런 과정들. 저쪽에서 경찰은 우리 가족들이 물리적인 행동을 했다 그런 걸 잡으려고, 걔네들은 전경들마다 세 명 건너 한 명씩 전부 다 이렇게 [캠코더를] 들고 있는 상황. 그러면 "너, 너, 니네 찍지 마. 우리도 니네 찍어" 해가지고 서로 카메라를 들고, 삼각대 밑에 들고 치는 거죠, "너 치워", "나 치워" 이제 막 [그러면서]. 그래서 카메라가 고장도 많이 나고요, 그래도 세월호 카메라, 애들이 지켜줘서 그런지 안 됐다가 그다음 날 되면 안 고치는데 되고, 되고. 결정적인 건 물대포와 함께 캡사이신이 날아왔을 때 그때 이제 4·16TV 카메라가 한번 죽죠.

면담자   노트북에 선을 연결하지 않은 형태로 생방송이 가는 것은….

지성 아빠   무선.

면담자   무선 방송을 시작하신 건 언제 정도예요?

지성 아빠   무선방송은 재작년이죠, 2017년도. 아마 그것도 여름쯤인가 될 겁니다. 그래서 그 테스트하는 방송도 업로드가 돼 있습니다. "지금 좀 도와주십시오" 하는 거를 저희는 라이브로 했습니다. "이게 잘되고 있는지 안되는 건지, 핸드폰으로 지금 방송을 하고 있습니다. 확인 좀 해주십시오" 하는 게 아마 지금도 업로드돼 있을 겁니다.

면담자   시기가 좀 뜨긴 합니다만, 그래서 2017년에 라이브 방송이 본격적으로 가능해지도록 무선으로 송출하는 방법을 하시게 된 계기는 뭐고, 어떤 방법으로 그걸 결국은 완성할 수 있었어요?

지성 아빠   저 혼자 방송을 하게 되었으니까, 2014년도 한 10월 말까지 보나가 도와주고, 그리고 기억저장소에 김종천 국장도 나름대로 또 하는 일이 있고 그래서, 제가 혼자 이걸 짊어지고, 사람이 없어서…. 중간에 물론 예슬이 아버님도 일주일, 호성이 아버님도 한 일주일인가 있었지만 혼자 하게 되는 과정에서 광화문을 나갔는데, '미디어몽구'라고 하는 김정환 씨 있습니다. 1인 미디어에서는 좀 많이 아시는 분인데, "아버님, 이거 핸드폰으로 하실 수 있어요"라고 이야기를 해서 핸드폰으로 했더니 안 되더라구요, 내 핸드폰으로. 그래서 나중에 또 물어봤더니 구독자가 1만 명이 넘으면 유튜브에서 생방송을 할 수 있는 그런 앱이라 그래야 되나, 일종의 자격을 부여하는가 봐요.

그 당시에 보시기는 많이 보시는데 구독해서 보시는 분들이 없으셔서 가지고 9300명인가 이렇게 됐거든요. 그랬더니 미디어몽구 그 친구가 "아버님, 저 구독자분들한테 부탁을 할게요" 그랬더니 그날 하루 만에 숫자를 넘어셨죠, 한 만 2, 3000이. 지금은 1만 7000 정도 넘었나? 그래서 하니까 핸드폰에서 유튜브로 무선으로 되더라구요. 지금은 이제 두 개를 동시에 촬영할 수가 있죠. 핸드폰에서 카메라가 방송을 하고, 방향을 틀어놓아 버리면 카메라는 다른 방향으로도 갈 수가 있고, 위에 부착을 해서 쓰는 상황이니까. 그러면 이제 방송용 핸드폰 카메라, 그다음에 녹화할 수 있는 카메라, 그래서 항상 카메라 위에 핸드폰을 얹어갖고 다니고….

9
초기 4·16TV 활동: 교황 방문, 유가족 간담회

면담자   1인 미디어로는 상당히 많이 진화를 하셨어요. 2017년이 기술적으로는 굉장히 큰 전기가 되셨네요. (지성 아빠 : 네) 다시 앞 시기로 조금 돌아오면요, 카메라 잡으신 직후가 2014년 8월 15일로 광화문에 교황이 오시는 때에요. 그래서 정말 정신없는 시기인데, 그때 회고를 좀 해보시죠.

지성 아빠   하나도 기억이 안 나다가 말씀하시니까 [좀 기억이 나네요]. 김종천 국장님하고 같이 있을 땐데, 가족분들은 이렇게 펜스라고 그러죠, 쇠로 되어 막혀 있는, 시민분들 계시고 저희 세월호 가족들은 따로 칸을 이렇게 해서…. 참, 눈에 선합니다. 우리 경주 엄마가 유민이 아빠한테 교육을 시키는 그런 과정이 있어요, "만나면 이 편지 잘 전해주고. 뭐라고 할 거야?" [하면서] 어떻게 얘기할까 이렇게 미리. "좀 있으면 도착하시는데" [하고 말하는] 그런 과정들을 녹화로 담으면서, 저희들은 교황님께서 가족들 만나주신다는 거를 미리 알고 갔고, 저는 '이거를 어떤 각도에서 어떻게 잡느냐'[를 고민하면서 촬영 준비를 했죠]. 그러면 이제 항상 지금도 딜레마는 그거죠. 가족이면서 제가 찍어야 되는 건데, 찍으면서도 우리가 흔히 이야기하는 언론하고 같은 취급을 당하지 못하니까, 언론들은 바깥에서 가족을 찍는데, 저는 언론이 아니다 보니까 안에 갇혀 있어야 되는데, '나도 바깥에서 찍어야 되는데' [하고] 늘 그런 과정들을[과] 싸워가면서, 그래도 거의 어떡하든지 간에 다 찍었던 거 같습니다. 참, 좀 감격스러웠고, 그때 나와서 찍다가 잡혀가지고 다시 안으로 들어가 가지고, 우리 어머니들한테서[어머니들 계신] 안쪽에서 같이 찍었던 기억이 납니다.

면담자　　　그게 카메라 잡고 열흘이 안 될 때였어요, 8월 15일이니까.

지성 아빠　　아, 그래요?

면담자　　　그렇습니다.

지성 아빠　　한 해 지난 게 아니었나요, 교황님 오신 게?

면담자　　　2014년이었어요, 그때 박영선 문제가 같이 겹쳐 있었고.

지성 아빠   '적과의 동침'이죠, 그때. 저희가 저녁에 광화문에 나가 있었는데….

면담자   교황 시복 미사에 들어가기 위해서, 가족들은 광화문에서 주무시고 새벽에 아마 들어가셨을 거예요.

지성 아빠   [새벽에] 이동[해서 들어가기 위해] 시민회관 지하에서 잤던, 은박지 깔고 잤던 거 같애.

면담자   아버님이 카메라 잡은 후, 제일 큰 상황에 대한 촬영이지 않았을까 싶어서 제가 여쭸던 거고.

지성 아빠   기억하는 게 없어요(웃음).

면담자   9월 초에 광화문 농성장에서 계속 생중계를 하시면서, 민주노총, 금속노조, 대원그룹 간담회 이런 데를 가서 촬영을 하셨어요. (지성 아빠 : 네) 그다음에 인천아시안게임 승하차장에서 서명운동을 하는데, 그 서명운동도 생중계를 하시구요. 마로니에 촛불문화제 생방송을 벌써 2014년 9월부터 시작하십니다. 조금 기억나시죠?

지성 아빠   네. 다 기억납니다, 말씀하시니까.

면담자   제가 보기에는 2014년 9월 정도가 4·16TV가 본격화되는 시기로 느껴져요. 그래서 초기 활동에 대한 기억을 더듬으시면서 에피소드랄까 기억에 남는 얘기들을 해주시면 좋을 거 같습니다.

지성 아빠   그 활성화되는 시점이 9월 달로 보면, [그때는] 주로 녹화 반, 녹화가 한 6, 70프로? 현장에는 주로 광화문 쪽으로만 움직였기 때문에 촬영해서 [밤에 편집을 했었죠]. 제가 지금 생각해 보니까 밤샘의 시작이 아마 그때부터가 아닌가 싶네요. 물론 국회에서 단식할 때 당연히 바깥에서 밤샜지만, 그렇게 참, 지금 생각해 보면 제가 저한테 좀 자랑스럽게 생각 들지, 왜?(웃음) 교수님이 지금 그 말씀 하시니까.

면담자   그때부터 간담회 등 광화문 농성장 이외의 곳을 본격적으로 다니기 시작했는데, 어딘가 방문해서 직접 간담회를 한다는 것과 카메라앵글을 통해서 현장을 보는 게 많이 다를 거거든요. 아버님이 본격적으로 활동을 시작할 때 카메라를 통해서 본 상황들이 어떻게 보이셨어요? 예를 들어서 금속노조 간담회라든지 이런 거를 보실 때.

지성 아빠   지금 돌이켜 보면, 그때를 돌아가서 본다 그러면, '이대로 가면 잘될 거야' [하고 생각을 했었어요]. 그리고 간담회도 하루에도 저희 부모님들이, 저는 카메라는 한 군데밖에 못 가지만, 간담회도 하루에 세 군데, 네 군데 전국으로 흩어지는 그런 과정이 나오는 상황이어서, '아, 정말 잘되겠다' 그런 희망이, 정말 좋았던 거 같습니다. 결국 또 그런 여파가 특별법 그런 부분까지도 계속 오래 생명을 유지하고 오는 그런 과정이었는데, 제가 이렇게 지금 좀 보면, 대원이나 이런 데 금속노조, 민주노총 등 우리 시민 단체, 직장 단체, 특히 전교조 관련된 그런 데서 특히 간담회가 [요청이] 많이 왔거든요, 결국 아픈 곳인데. 그래서 그분들이 그 당시 보면 저희들 부모님들이 "간담회를 좀 와주십시오, 와주십시오" 하는 이 자체도 미안해서 간담회를 진행했던 그런 시기였던 거 같거든요. 가면 너무 분위기가 우울해서 제가 오히려, 저는 또 너무 감사하잖아요, 열어주셔서. 제가 오히려 시작하기 전에 약간 웃기는 말 이런 거를 고민을 했던, 그런 말씀도 드리고 했던 생각이 나네요.

면담자 　　　초기 때 아버님이 카메라로 촬영하시면서 재밌는 얘기를 많이 하셨어요. (지성 아빠 : 아, 그래요?) 네. 지금 말씀을 하시니까 제가 그 이유가 확 이해가 돼요. 감동스러운 얘기였습니다. 이때 대학 간담회도 시작됩니다. 그래서 아마 고려대, 서강대부터 시작이 되었을 거예요. 거기도 촬영을 가셨죠? (지성 아빠 : 네) 학생들 보시고 했을 때 어땠습니까?

지성 아빠 　　　생각이 많이 다릅니다, 저는. 고려대학교는 우리 예은이 아버님, 유경근 집행위원장이 나온 학교이기도 하고[예은 아빠는 연세대를 졸업했으나 구술자가 착각함], 거기를 갔던, 무조건 가야 된다고 하는 건 뭐냐 그러면, 간담회가 계속 열리는데 부모님들이 다른 데서 이렇게 말씀하시는 그런 과정들이 모델이 없는 거예요. 그러니까 물론 아이에 대해서만 이야기해도 충분한 그런 시절이었지만, 그거보다 내면적으로 우리가 좀 더 접근해서, 거기에 말씀을 들으러 오시는 분들은 세월호만 가지고도 충분히 이야기를 들으시지만, 정말로 우리가 밝혀내고자 하는 그런 종류의 [이야깃]거리를, 좀 명확한 거를, 팩트를 가지고 전체를 끌고 갔으면 하는 그 샘플이 어디인가를 찾아서 이제, 그래서 제가 '샘플을 꼭 만들어야 되겠다' 그래서 고대를 간 거고[요]. 실질적으로 유튜브에 올라가 있는 건, 저는 카메라로 찍다 보니까, 부모님들이 간담회 하는 게 많지 제가 간담회 하는 거는 그렇게 많지 않습니다. 부모님들이 간담회 할 때 중간에 설명이 안 될 때는 제가 카메라를 고정해 놓고 서브로 이렇게 부대 설명을 드리고 이런 과정이 있었는데, 저는 제가 지금도 그렇지만, 제가 하는 과정은 많이 빼버리고 그런 상황이어서, 간담회를 제가 그렇게 많이 다닌 거는 부모님들도 아마 잘 모르실 겁니다. 제가 저를 찍기가 그렇더라고요.

면담자　　　그래서 고려대 간담회 같은 경우는 찍으신 다음에 간담회 다니시는 유가족들이 보셨으면 하는 생각이 있으셨겠네요?

지성 아빠　　항상 카메라를 들면 지금도 그렇지만, 그 당시에는 한 발짝 앞서갔습니다. 지금은 반 발짝 정도밖에 못 나가는데, 누가 보고 안 보고를 떠나서 가야 할, 가족협의회의 가야 할 방향, 엄마, 아빠가 가야 할 방향이 어딘가를 젖어 들게끔 [하려고 했어요]. 제가 그걸 또 [직접 말로] 이야기하면 부모님들이 반감을 가지셔요. 그런 걸 또 경험했기 때문에, 그래서 은연중에 [영상을 통해 뜻을 전하려 했던 거고] 지금까지 계속 잘 나름대로 끌고 왔다고 [생각해요]. "간담회를 많이 다니셔야 됩니다. 가서서 이런 이야기를 하셔야 됩니다", 그리고 그 시기가 좀 지나서 자꾸 안 불러주니까 불만들이 [생겨서 할] 말은 있는데 말씀은 못 하시니까, "아닙니다. 찾아가는 간담회를 해야 됩니다. 불러서 가는 게 아니고 이제 우리가 판을 깔아야 됩니다. 우리가 판을 깔고 국민들이, 시민들이 그 자리에 올 수 있게끔 하는 과정을 가야 됩니다" 해서 여기까지는 지금 [그나마 온 거지요].

면담자　　　그런 메시지를 아버님의 말씀으로가 아니라 카메라의 영상을 통해서 유가족들과 나누고 싶었다는 말씀이신가요?

지성 아빠   한 6, 7개월 그렇게 갔는데 반응이 없어서 나중에 결국에는 중간에 한 번씩 뺄죠, "우리가 판을 깔아야 됩니다" 하고 방송을 마치지요.

면담자   결국은 얼굴을 대면하고 설득하시는 것이 아니라 방송 말미나 중간에 아버님의 육성을 통해서 메시지를 전하는 그런 방송이 됐네요.

10
'진도와 팽목의 설움과 한'을 찍을 때의 생각

면담자   진도 이야기로 좀 넘어가려 합니다. 아버님, 카메라 들고 팽목에 처음 간 게 언제세요?

지성 아빠   기억 못 합니다.

면담자   기록상으로는 10월 달로 나와요.

지성 아빠   찾아보면 나오겠지만.

면담자   팽목에 처음 가신 게 언제인지 기억이 안 나는군요.

지성 아빠   한두 번 가면 기억을 할 건데, 팽목하고 동거차도를 개인적인 일로도 여러 번을 들어갔기 때문에, 그래서 이제 방송[하러 간 것]하고 [혼동도 되고요]. 동거차도 같은 경우는, 팽목하고 동거차도 같은 경우는 제 개인적인 일이 엮여져 있기 때문에 그래서 방송하고는 관계없이 언제 그게 카메라에 담겨져 있는지, 제가 카메라에 안 담겨진[못 담은] 그림들이 너무나 많거든요.

면담자 그때 이제 '진도와 팽목의 설움과 한'이라는 제목으로.

지성 아빠 시리즈로 갔죠.

면담자 시리즈로 10월 달에 쭉 촬영을 하십니다. 그때 배도 타셨구요. 보통 영상에 담기 어려운 것을 생생하게 담은 4·16TV의 최초의 기록이 만들어지는 게 2014년 10월이에요. 이 정도면 기억을 하실 거 같애요. 그때 느낌이 어떠셨어요?

지성 아빠 기록이 자꾸 틀려요. 조급하게 미치고 팔짝 뛰겠더라고요. 지금도 그런 과정이 좀 있는데, 지금도 아직도 아닌 것을 긴 거처럼 여기시는 분들이 상당히 많이 있거든요. 이게 왜 그러냐 그러면, 본인이 진도체육관에만 계신 부모님들은 거기만 계시고, 팽목에 계셨던 분들은 대체적으로 팽목에만 계셨어요. 누가 틀리다 맞다 이런 개념으로[이] 아닌 것으로 봐야 되는데, 본인이 진도체육관에 계시다 한 번 팽목에 오시잖아요? 그러면 그게 보신 게 본인한테는 전부 다로 기억이 되어 있는 것이고, 팽목에 계신 부모님들이 썼고 이런 것은 진도체육관이 좋으니까 여기 오면 그때 진도체육관에 내 눈으로 봤던 게 "내 눈으로 본 거야" 하는데, 그 당시에 본 고 순간만으로 다 기록이 되어 있기 때문에 그 전 과정 후 과정이 없는 그런 것들이 엉켜져 가지고, 기록이 틀린 거는 아닌데 한 부분만을 가지고 있는 그 기록을 가지고는 기록화되는 데는 너무 어불성설이다[는 거지요]. 맥락이 있어야 되는데, 지금도 저희 가족들은 그 부분 부분의 기록을 본인이 눈으로 직접 본 거기 때문에 '이 기록이 맞아'라고 [라는 생각을] 가지고 계시거든요. 그게 틀리다는 게 아닌데 전후 과정이 없는 거예요.

예를 들면 해경이 화장실 가는 걸 봤어, 팽목에 계시다가 진도체육관에 씻으러 오신 분이. 그 당시는 진도체육관에 먹을 것도 많고…, 저는 팽목에 있으면서, 팽목[은] 거지 같았어요, 진짜. 부모님들도 그걸 모르세요. "지원이 된다" 그랬는데 팽목에 가면은 토마토가 많이 나오는데, 토마토가 다 요만한 것들…, 제가 씻으러 진도체육관에 갔더니 [거기는] 남아돌아 가는 거예요, 이런 바나나하고 신제품들이. 양말이고 치약이고 칫솔이 처음에 널려가지고 좀 뭐한 말로 버릴 지경인 상황인데, 팽목에는 물자가 없는 거예요. 그래서 이제 한 번씩 가시는 분들이 보는 과정은 맥락이 이어지지 않는 그런 과정이 돼서, 그런 안타까움이 많이 있어서, 팽목을 가게 되면 저는 체육관보다는 팽목에 있어났기 때문에 팽목의 기억을 분명히 하고 있죠.

그리고 그거는 한 번씩 떠올립니다, 머리에서 사라질까 봐. 아이들이, 임시로 선착장을 만들어서 아이들 시구[屍軀]를 건져내 오는 그런 과정, 그리고 해경이 아이들 이름을 불렀던 그 과정, 119를 대기시켜 놓고 했던 그런 과정들, 그리고 처음에 천막을 쳐서 아이들 시신을 확인했던 장소…. 그리고 병원 의사, 아마 원장님인 걸로 기억되는데, 그분을 늦게라도 모시고 와가지고 확인하는 그런 과정…. 그리고 천막도 A동이 처음에 세워졌고, B, C동이 나중에 세워지고, 그다음에 모자라서 다시 아이들 시신을 올라오면 널어놓는 그 옆에 천막이 확

장되었던 그런 과정…. 그리고 한참 지나서 200일 땐가요? 황지현이가 올라오는 그런 과정 속에서 또 일어났던 그런 문제점들….

또 부모님들도 착각을 해가지고 내 아이, 남의 아이를 구분하지 못하는 그런 과정들도 있지요. 그건 뭐, 우리가 정신이 없어서 넘어가 이런 개념은 아니고, 그 당시 상황은 그런 상황이 안 일어나면 오히려 이상한 상황이었던 거니까. 참 별의별, 말 못 할 일이 너무나 많습니다. 비하인드도 너무나 많아요. 지성이가 생존자로 있었던 그 과정을 제가 그 팽목에 있으면서 치열하게 정보관들하고 해경하고 싸워가면서도 그거를 캐냅니다. 결국은 그걸 다 캐내죠.

면담자　　　제가 처음에 질문드렸던 '진도와 팽목의 설움과 한' 시리즈 하실 때 배 타고 바지선으로 가시면서 찍으시거든요. 그거 기억나세요? 배에서 찍으셨던 거? (지성 아빠 : 네) 그때는 참 만감이 오가셨을 거 같아요, 참사 해역으로 이동을 하시는 상황이었으니까. 카메라 들고 어떤 멘트를 하셨습니까?

지성 아빠　　　글쎄요, 멘트가 많지 않아서. 멘트는 대체적으로 아마, 제가 지금도 하고 있는 멘트가 그 당시와 조금은 차이가 있는데, 제 멘트는 거의 그 당시에 하나, 요즘 쓰는 거 하나. 저는 두 가지 정도로 기억을 하는데 "사람으로서 낼 수 없는 소리를 좀 들어달라"는 멘트, 그리고 이제 카메라, 4·16TV 카메라는 울고 있다는 거. "기존의 언론들처럼 부모님들 얼굴을 촬영할 수 없는 그걸 좀 양해해 달라"고 하는 부탁과 함께 "내가 내 얼굴을 카메라에 들이댈 수는 없지 않느냐", 그리고 "부는 바람 소리에 들리는 이야기, 별들의 이야기를

64
·
4·16TV

나는 분명히 들리는데 여러분들한테는 들릴지 모르겠다" [등이] 계속 호소했던 그런 종류의 멘트였던 거 같습니다. 육두문자는 기본이었고, 해경 얘기 나오면(웃음). 뭔 욕을 했는지 기억은 없지만, 하여간에 참 욕으로 시작해서 욕으로 끝났던 기억은 있습니다. 감정으로 우리 부모님들 찍다가, 중간에 서가지고 나중에 바다 쳐다보다가 중간에 혹 올라오거든요. 그러면 그때서부터 욕으로 시작이 돼서 그 욕이 굉장히 긴 시간으로….

11
카메라를 통해서 본 회의 상황들

면담자   2014년은 특별법 제정 문제도 있었기 때문에 총회를 많이 했잖아요. (지성 아빠 : 네) 아버님, 혹시 총회 때 촬영을 하신 경우도 있었습니까?

지성 아빠   처음 안산 화랑유원지에 갔을 때는 아니고, 정식으로 발족이 됐을 때는 아마 제가 지방에 팽목에 가 있지 않은 상황에서는 가족들 기록을 제가 거의 다 했었습니다. 카메라를 들고 난 이후에 가족대책위나 지금 4·16가족협의회는 공식적인 그런 행사들은 제가 다 기록을 합니다. 지금도 총회 하는 거는 유튜브에 올리지를 않고 있거든요. 그냥 기록으로서만 누가 선출되고 투표하는 방법, 변호사님들 계시고 이런 과정들은 제가 다 가지고 있지요.

면담자   14년도에도 아버님이 찍으셨어요?

지성 아빠   2014년도는 [8월 전에는] 제가 없어요. 9월 달 이후였다 그러면은 제가 찍었습니다.

면담자   총회도?

지성 아빠   네. 제 기억은 처음에 시작했을 때 가족협의회에 카메라가 없었습니다. 누가 어떤 부서가 찍느냐 이게 아니고, 제가 4·16TV 가족이고, 4·16TV가 그냥 가족대책위고, 가족협의회고 그런 과정이기 때문에, 카메라가 저한테 있었기 때문에, 아마 사무실에서, 왜냐하면 캠코더를 저한테 빌려 갔었거든요, 처음에. 기억저장소도 빌려 갔었습니다. 제가 카메라 이리로 가지고 오고 나서, 기억저장소도 카메라가 없어 가지고 저희 사무처에서 캠코더를 막 구해서 기억저장소도 하나 캠코더를 드리고 그랬던 과정이기 때문에, 아마 제가 지방에 촬영을 가지 않았으면 가족협의회, 가족대책위 회의 과정도 아마 제 손에서 다 [촬영이 되었을 겁니다].

면담자   총회를 아버님이 카메라를 통해서 보셨을 때 어떤 느낌이셨는지 궁금해요. 예를 들자면 특별법 최종 단계에서는 투표도 했잖아요? 이런 과정들을 카메라를 통해서 쭉 보셨을 때 어떠셨는지, 아버님은 어떤 소회를 갖고 계신지요?

지성 아빠   말을 해야 되는데 카메라를 가지고 있으니까, 또 말을 하면 순차적으로 이야기를 해야 되는데…. 카메라를 찍고 있으면서 그 사람 표정, 말하는 게, 이런 걸 저는 직접적으로 이어폰을 끼고 나면 말소리가 더 잘 들립니다, 떨어져 있어도. 그러면 여기서는 누군가 이 얘기를 해야 되는데 그냥 넘어가요. 넘어간다 이게 무슨 이야기냐면, 저희들 가족들 옆에는 그 당시에 변호사님들이 반별마다, 또 처음에 민변[민주사회를 위한 변호사 모임]에서 한 40여 분의 변호사들이 세월호와 함께 갔었거든요. 그 특별법 이거라도 기소권, 수사권 없이라도, 이걸 처음에 그걸 가지고 계속 끌고 왔었거든요. "이거라도 우리가 가지고 가자"고 하는 그 회의가 열리는 과정에서 참 많이 답답했어요, 카메라를 들고 있는데.

제가 기억하기에 우리 박종운 변호사님은 우리 가족들하고 참 많이 고생하셨죠. 근데 상황이 그럴 수밖에 없었다는 상황은 저도 지금도 인정하지만, 돌아와서 보니 후회되는 면이 있죠. 결과가 이렇게 되다 보니까 후회는 되지만, 그걸 잘못했다는 선택에 있어서는 조금은 퀘스천 마크[의문]를 제가 가지고 있죠. 나는 카메라를 들고, '그게 아니다'라는 걸 직감적으로, '이거는 지금 받아들이면 끝까지 우리가 더 싸워야 된다[는 걸 느꼈어요]. 그 당시 새누리당이었죠, 지금은 한나라당[자유한국당] 됐지만. 그런데 "이거 [수사권과 기소권]도 없이 우리가 그래도 조사라도 할 수 있으니 우리가 더 가지 말고 그냥 이걸 받아들이고 특별법 해서 가자"라는 게 이제 그때 회의, 미술관에서 화랑유원지 이렇게 했는데, 저는 '그게 아니다'라고 생각을 했거든요.

면담자   오히려 카메라를 통해서 보고, 아버님은 실제로는 그런 상황에서 발언을 하기가 어려운 상황이었고, '유가족의 한 사람임에도 불구하고 상대적으로 한 걸음 떨어져서 상황을 정확하게 인지할 수 있었다' 이렇게 보시는 겁니까?

지성 아빠   항상 그렇게 볼려고 애를 씁니다. 그리고 그때도 그런 걸 제가 분명히 그런 생각을 가지고 있었기 때문에 이 얘기를 바로 드릴 수 있는 게 그런 거죠. 누가 옳고 그르고 이런 걸 떠나서 다 우린 편끼리 회의를 하는데, 우리 엄마, 아빠들은 "변호사입니다"라고 이야기하면 벌써 신뢰도가 이만큼 가 있는 거예요. 그런데 실질적으로 이거를 결정할 수 있는 사람들은 우리라는 거, 근데 우리 옆에서 변호사님들이 이야기를 하니까 전적으로 신뢰를 하는 거죠. 저는 거기에서 저와의 싸움이 이제 카메라하고 일어나는 거죠. '어, 이건 아닌데' 그래서 쭉 찍다가 갑자기 제가 발언을 하는 경우가 굉장히 많이 있습니다. 그러면 이제 앞에 부분을 얘기를 해가지고 얘기를 하면 부모님들이 이해를 하시고 "어, 지성이 아빠 얘기가 맞는데"라고 가는데, 제가 그냥 계속 저 혼자만 이렇게 속에서 머리와 가슴으로 싸우다가 어느 시점에 가가지고 툭 치고 들어가니까, 부모님들이 '지성이 아빠가 허튼소리를 하는 사람은 아니다'라는 개념은 가지고 있는데 뭔가 좀 밸런스가 안 맞거든요. 그러면 그게 묻혀져 가는 그런 상황이 계속 연출이 많이 됐지요.

면담자   아까 박종운 변호사 얘기했는데, 특별법 설명 같은 거는 박주민 변호사가 그 당시 많이 하지 않았습니까?

지성 아빠   초창기에는 우리 박주민 변호사님하고 황필규 변호사님은 늘 붙어서 지내는 그런 관계였고. 이제 특조위, 처음에 출발은 그렇게 가져갔고, 그다음에 좀 지나가 가지고 특조위가 움직이는, 그 태동이 되기 전에는 이제 아무래도 박종운 변호사님이 위로 변호사분들 중에서는 조금 이렇게 돼서[연차가 높아서] 그분의 말씀, 변호사들도 그분의 말씀을 많이 신뢰하는 그런 과정들이 많이. 저는 그런 걸[저한테는 그런 게] 이제 다 보이죠, 그냥.

12
4·16TV 방송의 기준

면담자　　　조금 다른 분위기 얘기로 갔으면 하는데, 아버님이 2014년 9월을 경험하면서 10월, 11월 이렇게 되면 나름대로 스케줄 관리를 하셨을 거예요. 이때 유가족들 활동이 워낙 많았고 상황이 굉장히 다양하게 전개가 됐었기 때문에, 어디를 가서 촬영을 할 것인가를 결정을 하는 게 중요했을 거거든요. 그런 스케줄 세팅 같은 건 주로 어떻게 하셨어요? 어떤 기준에서 어떻게 세팅을 하셨는지요?

지성 아빠　　　기준을 항상, 이사 오기 전에는 그게 벽에 있었는데, 지금도 변함없이 기준이 있었습니다. 첫 번째 '가족들 옆에'. 그리고 싸움을 하는 상황이니까, 지금이 아니고 지난 정권에서 싸움을 하는 과정이니까, 세월호 활동하시던 분들이 가족들에 의해서 상처를 받고 떨어져 나가는 것도 제가 직접 눈으로 지켜봤고, 그런 일도 계속 벌어지고 있고, 지금도 그런 부분에서 자유로울 수 없고. 그리고 가족들이, 계속 집요하게 들어오는 압박에 대한 수위가 주위의 활동하시는 분들, 세월호[를] 지방에서 안타까워하시고, 성역자, 문화예술계, 그리고 일반 시민분들을 조여오는, 계속 고발하고 고소하는 그런 과정에서 '이게 어느 정도 때가 되면 분명히 가족들한테 들어온다', 실질적으로 들어왔구요. '그러기 위해선 내가 가족들 옆에 있어야 된다'[고 생각을 했어요].

그리고 조금 지나서 부모님들이 제가 가면 "야, 4·16TV다"라는 말씀을 갈 때마다 항상 하셨어요. 그게 뭐냐 그러면 "우리도 카메라 있어" 그거거든요. 그래서 늘 가족들 옆에 있어야 되는 것. 지금은 어떻게 보면 공식적인 그런 거는 당연히 가족들 저기 하지만, 작년 말부터 제가 구조[에 대해서]는, 이제 조사의, 진실 규명에 대한 그런 연결을 제가 나름대로 조사하고 있는 게 있기 때문에, 그걸 완성시키기 위해서 치중을 하고 있는 거죠.

면담자 　　　두 번째, 세 번째 원칙도 있습니까?

지성 아빠 　　　네. 인터뷰한 내용은 누구를 막론하고, 본인이 "없애달라"고 하는 경우도 있어요. 중간에 말이 헛나가고 그런 거 말고는 편집을 하지 않습니다, 인터뷰 내용은. 말이 꼬이고, 요렇게 하는 부분은 편집을 하기는, 안 하지 않았냐고 대들면 할 말은 없지만, 그런 게 아니고 그분이 하시는 거는 가급적이면 그대로, 틀리면 틀린 대로 다 올리는 것도 그것도 저의 기준입니다. 그리고 현장에서 제가 방송을 할 때 우리 엄마, 아빠들이 욕을 할 때, '내 방송에 나가서 문제가 된다' 그러면 '모든 거는 다 내가 앞장서서 책임을 진다' 그런 몇 가지, 꽤 돼요. 한 일곱 가지 원칙이 나름대로 이렇게 [있습니다].

면담자 　　　2014년 말 정도 되면 아버님이 촬영하러 움직이시는 공간이 굉장히 넓어지고, 굉장히 다양한 방송이 시작돼요. 그런데 아무래도 그렇게 하다 보면, 세월호 성격과 맞지 않는 경우도 없지 않았을 텐데, 혹시 경험하신 적이 있습니까?

지성 아빠   딜레마인데요. 교수님이 잘, 정말 세밀 분석을 하셨는데, 저희 방송이 타이틀을, 저는 항상 제목을 중요시하거든요. 4·16가족협의회는 진상 규명과 안전사회 건설을 위한 피해자 가족협의회, 진상 규명을 하기 위해서 이 장소에 엄마, 아빠들이 모여야 되는 거거든요. 무엇을 만드는 것도 좋고 노래하는 것도 좋고 연극하는 것도 좋지만, 저희 4·16가족협의회 회비를 내고 있는 회원들, 부모님들은 진상 규명과 안전사회 건설을 위해서 모여 있는, 회비를 내는 회원이에요. 지금 광화문 같은 데 가면 연대를 하기 위해 가지고 세월호와 다른 많은 이 사회 부조리들이 함께했던 시간들이 있습니다.

그런데 "연대를 해야 된다"고 하는 걸 부정하는 게 아니고, 좋은 것이지만, 자꾸 그렇게 그렇게, 흔히 이야기하는 요즘 보통 사람들이 "좌익성을 가지고 있는 사람들은 분열로 망가진다" 하는 거를 저는 전적으로 동의를 지금도 하고 있는 사람이기 때문에, 한 가지만 팩트를 가지고 끌고 가도 다른 걸 다 포용을 할 수가 있는데, 다른 걸 다 포용을 하려고 그러니까 기존에 이슈가 돼 있는 게 자꾸 떨어지는 일을 너무 눈에 보이니까, 그래서 이제 그런 방송을 할 때 심적으로 부담을 많이 느꼈고[요].

아시겠지만 4·16TV가 세월호[와] 다른 거에 [대해] 발언을 하고 이런 과정도 있지만, 세월호와 관련 없는 방송은 며칠 전에 딱 한 번 있습니다. 5·18 어머님들이 국회 노숙을, 연세가 많으신데, 그게 저의 기준에 하나, 아까 들어간 4·16TV 기준에 하나가 들어가 있는데,

그 기준에 대해서 저는 그 기준을 요번에 한 번 어긴 거죠, 그 기준을. 누가 그걸 내가 한다 그래서 뭐라 그럴 사람, 안 한다 그래서 뭐라 그럴 사람, 제가 김용균 우리 청년 [사망 관련 방송] 그걸 한다 그래서 뭐라 그럴 사람, 안 할 사람 없지만. 제가 우리 4·16TV의 타이틀은 '세월호 유가족 방송'이거든요. 정확히 따지면 피해자 가족도 아니고, 처음에 출발을 제가 유가족인 데서, 지금 고친다 그러면 '세월호 피해자 방송' 이렇게 돼야 맞는 건데, 그 당시에 처음에 만들 때는 그냥 유가족이 하니까 유가족 방송이 된 거죠. 그거는 뭐, 피해자 가족이나 유가족이나 매일반으로 봐야 되는 거지만….

면담자   조금 다른 사례입니다만, 2014년 가을경에 와동체육관 '이웃문화제'라는 걸 촬영하러 가셨다가 '성격이 맞지 않는다' 이런 판단을 하셨던 거로 제가 알고 있는데.

지성 아빠   와, 그것도 알고 계세요?

면담자   어떤 느낌이셨어요? '이웃문화제'도 의도로는 좋은 의도로 만들어진 행사인데. (지성 아빠 : 아, 그럼요) 아버님 눈에는 '이건 4·16TV에 담을 내용은 아니다'고 판단을 하신 건데….

지성 아빠   아까 말씀드린 그런 맥락이죠. 사람들이 세월호[에] 관심을 가지고 있는 분들한테 더 화가 치미는 과정이죠. 그때 솔직히 그 상황을 내가 돌아가 보면, 분명히 저분들은 누가 뭐라 그래도 세월호에 안타까움을 가지고 진실 규명을 원하시는 분들이야. 근데 우리가 가지고 있는 팩트를 전달을 해도 시간이 너무 없는 거야. 자꾸 저들은 내 꽁무니를 쫓아오는데, 우리 편이라 알고 있는 사람들이 자꾸 행사 위주로 가는 거예요. 너무 그게 눈에 보이는 거예요. 그래서 제가 방송에도 그런 얘기를 합니다, "행사를 하기 위한 행사를 좀 안 해주셨으면 좋겠다".

진실 규명을 할려고 모여 있는 4·16가족협의회가 행사에 대한 기획을 짜고 있는 게 저는 이해가 안 갑니다. 그 행사라는 게 4·16 세월호 참사 1주기, 2주기, 3주기, 4주기, 5주기에 대한 그것도 일종의 행사이지요. 그거에 대해서 하는 거는 문제가 없는데, 그거는 뭐 행사라고 볼 수도 있고, 행사라고 아닐 수도[행사가 아니라고] 볼 수 있는데, 그렇지 않은, 각자의 좀 더 쉽게 말하면 예술 하는 사람의 노래를 하기 위한, 내 뭐 표현을 하기 위한, 그리고 우리 단체가 이런 일을 하고 있다고 하기 위한, 그런 것들이 너무 눈에 보이는 거죠. 근데 거기에다가 생명을 부가시키는 거는 제가 봤을 때는 '이건 아니다', 그래서 사실 굉장히 많이 화가 났죠.

면담자 넓게 보면 한국 시민운동계의 전형적인 문제점에 대한 아버님의 의견을 주신 건데요, 우리가 근본적으로 바뀌어야 될 지점에 대해 아버님께서 발견하신 대목 아닌가 싶네요.

13
활동 성적표를 들고 가는 동거차도

면담자 다른 얘기로 넘어가겠습니다. 기록상 12월로 돼 있네요, 2014년 겨울에 아버님이 카메라를 들고 동거차도로 가셨네요.

아버님께서 카메라를 들고 지성이를 데리고 온 동거차도를 방문하시는 거거든요. 그때 소회도 조금 듣고 싶네요.

지성 아빠   12월 달인가요?

면담자   네, 12월 말에 가십니다.

지성 아빠   아, 이제 가족들이 들어가는 상황이었던 같은데, 가족들이 가니까 갔겠죠. 근데 기록에 대한 한계점이 이런 부분이 나오는데, 동거차도에 카메라를 들고 가지 않고 제가 더 많이 들어갔거든요. 그게 저한테는 다 있었는데, 그걸 더 많이 들어갔다고 하는 증명을 할 수가 있는데, 그 자료가 다 날아갔어요, 1년 치 자료가. 그거뿐만 아니고 제가 기록해 놓았던 그런 증언들, 어민들의 증인, 섬 주민들의 네 개 섬을 주축으로 한 그 주민분들, 그리고 유창희라고 하는, 조도라고 하는 경찰서 지소 소장이죠, 만나기 위해서 쫓아가 가지고. 집사람하고도 같이 가서 그런 기록들을 몰래, 거기 아주 중요한 자료가 있었어요, 제가 안 잊어먹는. 그런 부분들이 있는데 그게 다 날아갔죠. 솔직히 카메라 없이 들어간 게 더 많은데, 지금은 그게 증명을 [할 수 없는], 거기에 모든 게 증명이 있었는데 지금 그게 날아가서, 다 날아가진 않았지만 바이러스가 먹어서 지금 그거를 켜볼 수가 없는, 켜보면 지금 가지고 있는 자료들이[들에] 바이러스가 전달이 돼서 또 문제가 있으니까….

하여간에 그래서 2014년도, 15년도까지는 주로 제가 진실 규명을 하기 위한, 그 날짜가 더 흐르기 전에 빨리 기록을, 그분들의 기록을, 기억을 영상으로 담아놔야 한다는 걸 캠코더만 가지고, 그리고 외형적으로만 방송을 할 때도 별도로 진실 규명에 대한 기록들은 따로 항상 가지고 [갔지요].

면담자　　　유가족들이랑 같이 31일에 동거차도에 들어가셔서 신년을 동거차도에서 맞으신 거 같애요. 그래서 지성이에 대한 생각 등 만감이 오가셨을 거 같고요. 이게 제 기억이 정확한 건지 모르겠습니다만, 하여튼 배 위에서 여러 가지 멘트를 하셨던 거 같애요.

지성 아빠　　　제가 기억이 확실치 않은 게, 이제 들여다보면 다 나올 건데 해마다 동거차도를 갔거든요, 연말이면 무조건. 올해도 아무도 안 들어가는데 올해도 저는 갔다 왔으니까.

면담자　　　연말 연초에 동거차도 가시는 거는 역시 지성이 생각해서 가시는 거죠?

지성 아빠　　　(한숨을 쉬며) 사실 아이 생각은 여기서 많이 합니다, 저녁에, 새벽에 주로. 영상을, 아이 생각을 하자고 하는 게 아니고, 영상을 계속 리바이벌을 편집을 하다 보면 한 장면을 다섯, 여섯 번을 반복을 해서 가는 과정들이 많이 있기 때문에, 그러다 보면 그 영상 속에서 어떤 생각이, 많은 생각이 떠오르곤 하는데, 동거차도에 가서 애 생각이 자동적으로 나지요. 그런데 해맞이, 해돋이, 사실은 다른 분들이 그걸 하기 위해서 상도 차리고 아이들이 함께하는 그런 과정이지만, 저는 항상 성적표를 들고 가거든요. (침묵) 얘기를 제가 한 방향으로 말씀을 못 드리는 게 참, 얘기를 하다 보면 너무 그 얘기만 해야 되는데, 제가 해마다 가서 성적표를 물론 지성이한테 보고를 하지요. 단순히 지성이만은 아니지요, 우리 아이들한테 보고를 하는데….

부모님들도 다 인정해요, "뭐 제대로 해놓은 게 없다"고. 실질적으로 그렇잖아요. 단원고등학교도 뺏겼고, 팽목에도 어찌 됐든 간에 쫓겨 나온 거나 다름없지만 형식적으로 우리가 기자회견 하고 치운다고 했지, 화랑유원지 또한 마찬가지고…. 세월호 진상 규명 이전에 아이들 학교에 대한 그런 부분들을, 저는 그런 거거든요. 학교에 대해서 우리가 여덟 개 단체가 [사회적 협약서에] 사인을 할 때, 저는 학교를 지킬려고 발악을 했었습니다. 많은 분들이 몰라요. 제가 "시민분들 150명만 화랑유원지 정문에 좀 와주십시오. 제가 저 사인하는 걸 엎어버릴랍니다" 하고 제 개인 페북[페이스북]에 올려요. 지금도 제가 후회해 봐야 소용없지만, 그때 제가 발가벗었어야 돼요. 지금 생각해 보면 홀딱 벗고 내가 쇼를 했어야 되는 겁니다.

그 성적표를 들고 가는데, 지금도 제가, 제가 갑자기 카메라를 하다가 갑자기 툭 치고 나가면 "잘 이해를 못 한다"고 하는 얘기가…. 저희 이제 이번에 2월 12일 날 명예졸업을 해요. 제가 여기저기 돌아댕기다 보니까 회의 참석을 못 했어요. 근데 고 얘기가 나오는 거를, 나오다가 길어질 거 같으니까 "다음 주에 이 얘기를 회의합시다" 그래서 회의하는 그 장소에 가서 뭐 이렇게 이렇게 준비해 가지고 예산까지 다 되어 있더라구요. 그래서 제가 그랬습니다. "이거 파기합시다. 우리가 말로만 뭐 해놨다고, 없다고 그러시는데, 없다고. 여기서 뭐 있다고 얘기하실 분 계십니까?"라고 제가 말씀드리거든요. 없지요. 그래서 "아니 60점도 아니고 40점 이하인데 과락이면 유급이다, 학교도. 그러면 명예졸업을 뒤로 미뤄야 된다".

그래서 그 얘기 하나와 또 한 가지는 가족협의회의 제가 또 감사이니까 뒤를 또 보는 거예요. 있는 총알을, 마지막 남은 총알 같애요, 단원고에서 졸업하는 명예졸업이, 세월호를 끌고 가는데. 우리 가족협의회를 보면, 특조위 조사하는 거 말고, [특조위 조사에서] 새로운 사실이 나오면 또 틀리지만[다르지만], 우리 가족협의회가 그래도 세월호의 동력을 끌고 갈 수 있는 마지막 총알은 졸업식인데, 이거 지금 기존에 하고 있는 임원들이 다 써버리면 다음에 맡는 사람들이 뭘 쓸 거냐. 쓸 카드가 없다는 거죠. 그래서 예산 나오고 이런 것보다도, 이것도 우리가 아까 제가 말씀드린 변호사들이 이야기하는 거랑 마찬가지 개념이에요. 우리가 안 한다고 그러면 되는 거거든요.

교육감도 오고, 도지사도 오고 그런 거 하겠지요. 근데 주체는 우리거든요. 우리가 졸업을 하는데, 그럼 졸업이라는 게 뭐냐 이거죠. 졸업장에, 그냥 가서 졸업[하는 것이] 아니고, 쉽게 말하면 졸업장 받을려고 졸업[식에] 가는 거 아닙니까? 근데 내가 아무리 생각을 해봐도 유급인데, 졸업이 안 되는 상황인데 "졸업을 하겠다" 그래서 제가 말씀을 드렸어요. 근데 듣고만 계시는데 이해는 가는데 실행을 하기에는 당신들이 부담스러운 거지. 마음은 다 지성이 아빠 편이나, 그 회의 장소에서 나한테 힘을 싣자니 자기가 부담스러운 거야. 그래 지금 가는 거예요.

면담자   2014년에 있었던 또 하나 큰일 중에 하나가, 수색을 중단하는 일이 11월 초에 이루어지지 않습니까. 기자회견 하고 그럴 때 아버님은 팽목에 내려가셨는지요?

지성 아빠   그때는 안 갔습니다, 좀 뭐한 얘기지만 완전히 농락당

하고 있는 거를 그냥 보이는데…. 근데 저는 또 그 심정을 압니다, 그 미수습자분들의, 왜냐하면 제가 미수습자로 조금 오래 있는 과정에 있어서 그걸 봤기 때문에. 근데 이제 시간이 흐르다 보니 이제 저 정도쯤은, 우리 미수습자분들은 저 정도쯤은 다 읽어야 되는데, 근데 거기에 제가 조금 관여를 해볼까라는 생각을 많이 했는데 일반인 [미수습자분]들이 계셨어요. 우리 단원고등학교 미수습자만 있었으면 괜찮을 건데 일반 분들이 계셨기 때문에 거기 어떻게 뛰어들 만한 상황은 아니었고….

그리고 제가, 교수님은 아실지 모르겠지만, 우리가 이쪽 [안산]에서는 박주민 변호사, 황필규 변호사가 있었지만, 우리가 진도에다가 민변에서 거기 가 있는 분을 배의철이라는 변호사를 그 팽목에다가 붙박이로 놔뒀었어요. 그리고 이제 매일 진도군청에서 아침마다 회의가 열리고 하는 과정들도 변호사 입장에서 그걸 다 관리를 하고 좀 옆에서 힘이 되시라고 했던 그런 부분이 있었죠. 굉장히 젊으신 분이에요. 그런 과정에서 아무래도 가족협의회 발언, 입장이어야 하는 부분은 공식적인 성격을 띠는 과정이었을 거고, 미수습자분들이 하는 거는 해수부가 관할이 이루어지는 과정에서 거기서 사람이, 저희도 그런 걸 겪었지만 예산이나 이런 거 때문에 한나라당 김명연 의원하고도 상당히 소통이 초반에 많이 있었거든요.

진도군청에 있으면서 가족들이 그런 해수부와의 관계의 그런 부분들이 많이 완화되고 같이 함께 가는 그런 상황들을 많이 볼 수가 있었는데, 아닌 것에 대한 부분을 보는 그런 시야 자체를 생각을 할 수 없는 미수습자로서는 옆에서 누군가 그 얘기를 해줘야 되는데,

그 얘기를 해줘야 할 역할이 변호사라는 담당이 있었는데, 그분이 그런 역할을 하면서 상처를·많이 받았고, 그리고 그다음에 상처에 대한 일종의 보상 심리, '니네들 가족들 한번 해보고 싶으면 해봐' 하는 그런 결과까지 초래가 되는 상황이 나왔죠.

제가 진도군청을 굉장히 자주 갔습니다. 그런 거는 해수부들하고 관계기 때문에 방송을 전혀 하지 않았죠. 그 당시에 아침에 회의 들어가면 뭐, 김석균 청장, 해경 관계자들, 해수부 관계자들 열다섯 명씩 있어 가지고, 아침마다 그 브리핑 회의하는 자료가 저 자료거든요. 저게 거기서 가져온 거예요. 아침마다 저걸 똑같은 [걸], 날짜만 바꿔가지고…. 근데 가서 말 한 마디도 못 하고, "말하면 안 된다" 그러더라구, 제가 거기 상주를 하지 않고 왔다 갔다 하니까. [그래도] 가서 그냥 수틀리면 가서 얘기했습니다.

면담자　　　카메라를 통해서 계속 보셨겠습니다만, 아마 그때 기자회견에서 인양이 명시가 안 됐을 거예요. 결국은 11월에 수색 중단을 하고 인양까지의 그 공백 기간 동안은 수색이 실질적으로는 다른 이유 없이 중단돼 버린 이런 꼴이 된 거 아닙니까? 아버님은 이 시기의 상황을 어떻게 보셨어요?

지성 아빠　　　저는 이제 가족협의회에서는 밑의 움직임을 계속 감지를 하기 때문에, 미수습자분들이 이런 이런, 인양 이런 부분을 갖다가 "내일 기자회견을 한다" 그래서, 하루 정도 [전에는] 미리 알지요. 그런 상황이니까, 그게 아닌데 그거를 쫓아 내려가기는….

특조위 활동 촬영

면담자   특조위 활동에 대해서도 아버님이 적극적으로 촬영을 하셨거든요? 촬영하시면서 어떠셨어요?

지성 아빠   1기 특조위 청문회 과정은 제가 그때 집사람한테 도움을 요청해서, 집사람은 제가 일을 하다 보니까 카메라 들고, 사람이 원체 없어 가지고. 제가 잘못이 큽니다. 그때 카메라를, 제가 책상이 있는데 증인들 나와가지고 하는데, 제가 카메라 그냥 들고 가서 쳐버릴라 그랬거든요, 진짜로. 집사람도 있고, 주로 그때는 2층에 저희 부모님들이 청문회장에 있었고, 1층에 저희들 카메라 기자들하고 있었는데, 어머님들은 그 증인들을 등을 지고, 등을 보는 거고, 대신에 이제 화면 모니터를 통해서 그 사람들을 바라보는 거죠. 화면 모니터가 대체적으로 보면 묻는 사람과 그 묻는 질문에 답하는 사람 이렇게 이원화로 나오는 거거든요.

근데 저는 앞에서 약간 옆 방향에서 증인들을 바라보고 카메라를 보고 그러는데, 이 옆에 있는 이것들이 더 웃기는 거예요. 부모님들이나 다른 사람 전혀 모르지. 방송은 딱 [증언하고 있는 사람 얼굴] 그거만 나가니까. 지네들끼리 슬쩍슬쩍 얘기하고 이렇게 툭 치고 이런 과정들이 눈에 다 보이는 거예요. 카메라도 책상이 있어서 앵글도 안 잡히는데, 사람 눈으로 보니까 이게 '야, 우리만 목숨을, 생명을 찾아서 가는 길이구나'. 그러니까 완전 다른 나라에 있는 사람들하고 [이거를 하고 있구나 싶더라고요]. 그런데 정말 답답한 거는 특조위 조사관들이 그런 거를 전혀 이야기를 안 하고, 그런 걸 전혀 짚지를 않는 거예요. 내가 경험상으로 지금 하고 있는 행동을 두들겨 패면, 내가 묻고자 하는 이 대답에 조금 움찔해서 할 거 같은데 그냥 각본에 있는 그 질문만 갖다가 하니까, 얘 나오는 답은 안 들어도, 제가 하라 그래도 하겠더라구, 환장하겠더라구.

그래서 제가 집사람한테도 그런 얘기 합니다. "여보, 저 묻는 거 답을 내가 할까?" 그런 얘기도 하거든요, 촬영을, 카메라 틀어놓고는. 너무 우리가 쟤네들이 짜여져 있는 그런 프레임에 우리가 너무 갇혀서 싸움에 대한, 그 싸움을 우리가 처음에 특별법 제가 아까 말씀드렸듯이 그거를 [수사권, 기소권을] 놓침으로 인해가지고 계속 그 싸움에 대해서 결과적으로 밀려왔던 게 사실이거든요. 그런 거를 밀려지지 말고, 하다못해 우리가 청문회를 할 때 언론들도 다 안 오고 하는 그런 과정들도 우리가 다 알고 그랬으면, 거기서 우리가 눌러앉아 가지고 증인들을 밤새도록 붙잡고 있었어도 우리는 할 수 있었거든요. 그거를 하고 싶은 거예요, 막. 답을 못 얻으면, 우리가 쉽게 말하면 좀 뭐한 표현으로 '그렇게라도 개지랄을 떨면 언론들은 온다, 어떤 언론이든'. 결과적으로 뭐냐면 우리가 진실 규명하기 위해서 이런 거니까, 우리의 명분은 확실하게 가는 거니까…. 그런 것들에 대한 울분들이 계속 밀려오고 그러는 거죠.

면담자   아버님의 지금 말씀은 '시간제한 같은 거 없이 끝까지 캐묻는 청문회를 했어야 했다', 이런 말씀이시네요?

지성 아빠   그게 효과가 제일…. 저는 지금도 결과물로 보면, 결과물로 보면 박근혜 탄핵된 게 결과적으로 촛불의 모임이 모여서 그게 이루어진 거지, 누가 SNS상에서 지금처럼 '좋아요' 눌러가지고 이루어진 건 아니거든요. 결과적으로는 광장에 모였기 때문에 그 결과를 이루어낸, 저는 해답을 본 거죠. 지금도 현실에서는 '광장에 내가 나가야 된다. 별 이슈가 없지만 광장은 나가야 된다'.

면담자　　　이제 특별법 시행령 문제, 배·보상금을 해수부에서 집행하기 시작하는 거, 인양 문제 이런 것들이 막 같이 얽혀서 돌아가던 시기가 2015년 4월입니다. 그래서 그때부터는 국면이 달라지기도 하고 특조위가 움직이기 시작하는 시점이라서 '아버님 활동도 이전과는 다른 성격으로 시작되었을 거'라고 생각이 듭니다. 특조위 활동과 관련해서 청문회 이외에 또 촬영하신 걸로 기억나시는 게 어떤 것이 있습니까?

지성 아빠　　　특조위 위원장은 어찌 됐든 간에 공무원이죠. 위원장은 장관급이 되는 건데 같이 도로에서 노숙을 했던 그런 어처구니, 말이 안 되는 과정이죠.

면담자　　　시행령에 반대해서 이석태 위원장이 농성을 하신 것을 말씀하시는 거죠?

지성 아빠　　　네. 우리 청운동, 그 청와대에 가까운 청운동 동사무소, 우리 부모님들이 68일인가, 78일인가 계신 그 골목에 특조위원들이 비상임들까지도 [같이 농성을 하고 있었죠]. 그때만 하더라도 새누리당이 추천한 특조위원들은 없었고, 저희 가족들과 더불어민주당이 추천했던 위원들만 거기서 노숙을 하는 그런 과정인데, 어찌 됐든 간에 말이 안 되는 거죠. 지금 역사적으로 보더라도 장관이 길바닥에 주저앉아 가지고 노숙했던 장관은 없죠. 단식하고 그런 거는, 삭발하고 그런 거는 있었지만, 경찰들 앞에 장관이 막혀가지고 지나가지도 못하게 하는 그런 상황은 그것도 아마 불가사의한 일이고…, 그런 기억들…. 그리고 거기서도 싸우기도 해야 되고 촬영도 해야 되고, 또 밀고 들어갈려고 하는데 경찰과 변호사님들, 우리 엄마, 아빠들 그 가운데서 제가 양쪽을 촬영을 해야 되기 때문에 서로가, "서로 밀면 우리가 짜부가 된다" 그러는데, 교수님, 짜부가 일본 말인가요?

면담자 모르겠습니다, 사투리일걸요? 짜부러뜨리다에서 나온 말 같습니다.

지성 아빠 취소해야 되는데…. 하여간에 샌드위치가 되는, 그게 압박하는 힘이요, 굉장합니다. 우리 뭐 지하철에서 넘어져서 압사당해서 죽었다고 하는 그게 저는 실감이 가는 게 그런 경험을 많이 했거든요. 해수부, 세종시 해수부 가서도 제가 중간에 들어가 가지고 압박, 그런 과정들을 겪으면서…. 우리 변호사님들이 거기서 특조위원들하고 같이 가는 길을 막는 게 "당신들이 불법이다" 하는 것까지 길바닥에 서서 설명을 합니다. 우리가 불법이라서 경찰들이 막으니까, 그 황필규 변호사님이 "이거는 합법화가 돼 있고 판례도 나와 있고, 지금 당신들이 하고 있는 게 불법이다"라고 해서 "문을 열으라"고 하는데, 그게 참 아이러니하더라구요. 저 사람이 그래도 변호사면 법에 대해서는 전문가잖아요? 전문가가 이야기를 하는데 경찰들이 막고 있는데, 거기 대해서 꿈쩍도 하지 않는, 법 앞에 움직이지 않는 경찰…. 참 그 말로 표현할 수 없는 그런….

면담자　　저희가 이야기를 2015년 중반 정도까지 했거든요. 앞으로 갈 길이 멉니다(웃음).

지성 아빠　　제가 미리 좀 봐야 될 거 같습니다, 대답을 할려면. 제가 이제 날짜 개념이 거의 뭉그러져 가지고….

15
도보 행진 촬영 과정

면담자　　제가 두 가지 큰 경험만 말씀을 드리고 1차 구술은 마무리하려고 하는데요, 하나는 2014년 1월 말 2월 초일 텐데 가족들이 시민들과 함께 팽목항까지 도보 행진을 해요. 도보 행진하는 거를 촬영을 다 하신 걸로 제가 알고 있는데, 도보 행진 보시고 어떠셨어요?

지성 아빠　　기록은 다 했는데, 제가 여기서부터 출발해야 되는 상황이니까, 처음에 문제가 생겼을 때는 부모님들이 일루 올라오는 과정에서 막혔던 상황이고, 이제 그 도보 과정은 안산에서 팽목을 20일 계획을 해서 아마 내려가는 도보였을 겁니다. 그래서 처음에 수원에서 쉬게 되는 그런 과정, 점점 밑으로 내려가면서 제가 여기서 차를 몰고 부모님들 도보하시는 거 가서 찍고, 그리고 저녁에 부모님들 자리 펴시고 주무시는 시간에 저는 올라와서 편집을 해서 도보 [영상]를 올리고. 그다음 날 또 [가족들이 도보 행진을 해서] 내려가시면,

처음 출발부터는 기록이 온전한 기록은 아닙니다, 또 쫓아 내려가서 제가 찍고, 그리고 또 주무시면 올라왔다가[를 반복했는데], 갈수록 [안산에서 도보 행진하는 데까지 가는] 시간이 멀어지니까, 나하고 멀어지잖아요. 그래서 한 대전 중간쯤 이상 내려갔을 때, 거의 서해 쪽 들어가서부터는 제가 감당이 안 돼가지고 캠코더를 웅기 삼촌인가 어떤 분한테, 부모님이 아니고 좀 젊으신 분이 도보를 해서 그분한테 제가 좀 양해를 구해서 "이 캠코더를 좀 찍어라" 그리고 이제 제가 그걸 한 3, 4일 정도 용량이 큰 거를 제가 칩을, 메모리칩을 넣어서 드렸습니다. 그러면 제가 그걸 또 받아서, 저는 또 와가지고 풀어가지고 만들고 그런 과정이 이루어지고 있었죠.

그다음에는 또 안 되면 라이브도 갔다가, 라이브가 사람이 우리가, 우리가 흔한 말로 "목마른 놈이 우물 판다"고, 지금 기억나는 거는 한 네 사람이 해야 될 일이거든요, 방송이 그 시스템상. 카메라를 하나 잡아야 되고 노트북을 한 사람이 관리를 해야 되고, 이게 노트북이 실질적으로 메인이죠, 소리나 화면 이런 조정을 노트북에서 하는 거니까. 그리고 데이터에 대한 공급을 핸드폰에서 데이터를 하기 때문에 핸드폰이 잘 공급이 되는지 데이터가 얼마가 남았는지, 자기도 모르게 데이터가 떨어지면 방송이 끊어지거든요. 그래서 선도 관리가 잘되는지 원래는 한 네 명이 할 몫인데, 아무도 없으니까 카메라, 조수석에다가 카메라를, 그 조수석하고 앉는 의자 공간에다가 삼각대해가지고 청 테이프를 붙이고, 카메라는 무조건 한 방향이죠. 노트북은 이제 조수석 의자에 놓고, 저는 운전을 해가면서 방송을 합니다.

그러니까 시청자나 이런 거를 고려할 그런 [상황이 안 되었던 거

죄]. 이미 제가 그래서 그 전에 계속 말씀을 드려요, 방송할 때마다, "4·16TV는 끊어지는 방송입니다. 그렇지만 안 끊어지기 위해서는 여러분들의 시청이 필요합니다"[라고] 역으로 가는 거죠. 분명히 끊어지는 거 난 알고 있고, 대신에 "끊어지더라도 제가 또 연결하니까 포기하지 마시라", "포기 안 한다고 당신들이 얘기했으니 포기하지 말고 계속 들어와라, 접속을". 그리고 이제 꽤나 여러 번 [어려움을 겪었지요]. 지금 하라 그러면 못 합니다. 사실, 그 사실 목숨을 걸고 한 방송이거든요. 부모님들 도보할 때도 저는 차선이니 이런 거 아예 생각지도 않고….

면담자   팽목에서 마지막 찍고 그럴 때는 유가족들도 같이 찍지 않았나요? 호성 아빠 이런 분들이 카메라 잠깐 잡았던 걸로 제가 기억을 합니다만.

지성 아빠   네. 그때 제가 별도로 카메라를 드려서 놓치는 장면 있으면 부탁한 적도 몇 번 정도 있고…, 제일 시급한 건 실질적으로 차량 운전을 해야…. 나머지는 제가 할 수가 있거든요, 카메라도 틀어가면서 노트북도 이렇게 할 수가 있는데, 운전을 하면서 이제 모든 걸 관리를 하고 그런 상황이 되면…. 그래도 또 캡사이신 맞아가면서 혼자 방송할 때는 전투력에 불타가지고 그런, 이런저런 생각 아무것도 없고….

16
마로니에 촛불

면담자 시위 과정에서의 본격적인 방송 등에 대해서는 2차때 다시 여쭙겠습니다. 두 번째 확인하고 싶은 거는 마로니에 촛불과의 인연이에요. 그게 언제부터입니까?

지성 아빠 기록에 2014년 9월, 10월로 나오나요?

면담자 그럴 겁니다.

지성 아빠 광장에 계속 나가는데, 물론 시장님이 다행히 그렇게 돼서, '이 광장이 언젠가는 뺏기겠다'라는 생각을 했어요. 그 하게 된동기가, 광화문광장에서 영상제가 열리는데, 프로 감독님들이 하시는 영상이 한 8편인가, 그리고 아마추어가 출품하는 영상이 11편인가 12편 이렇게 해가지고, 제가 그분들이 영화를 또 어떻게 찍는가를, 그 영화 찍는 거를 촬영하기 위해서, '세월호 관련 영화를 만드시니까 그분들의 노고 또한 지대하다' 내 나름대로는 [생각을 했고], 또우리 다큐 감독님이 주로 하시는 거니까 그런 분들을, 사회[적 차원에서 영상 활동을 하시는] 분들을, 한쪽에서는 멀어져 있는, 활동가는 아니지만 앵글을 통해가지고 비치시는 분들의 감독들을 만나고 했을때, 이분들은 벌써 이런 것들이 밀려나고 [하는] 많은 그런 경험을 하셨잖아요? 5·18도 그렇고 용산도 그렇고. 그분들은 촬영감독이 노련한 감독들은 어떤 그림을 그리더라고요.

그랬을 때 그 얘기를 처음에는 못 알아들어 먹었는데 그 얘기를,

근데 중간중간에 간혹 집회가 끝나서도 술을 한잔하시든지 음식을 드시는 그런 과정에서 그런 이야기를 하는데, 제가 그 얘기를 귀담아 안 들었어요. 누군가는 그런 얘기, 사회 활동 하시는 분들도 아마 얘길 했을 거 [같은데], 어느 순간에 제가 그 타이밍에 어떤 감독님인가 하는 이야기를, 직접적으로 얘기는 안 했는데, 저한테 그 얘기가 "광장은 너 어떻게 할 거냐?" 하는 물음을 주더라구. '그러면 광장이 만약에 밀려났을 때 제2의 아지트는 어딘가' 진짜 고민 많이 한 거예요. '장소는 무조건 서울이어야 된다, 사람이 많으니까', 그런 대전제 하에 광화문은 밀렸다고 가정을 해놓고, 그랬을 때에 가장 편한 곳이 언뜻 생각할 때에, 홍대에서도 우리 미수습자분들이 많이 서명도 받으시고 가족들도 많이 가고 젊은이들이 모이는 거린데, 거기는 몇 번을 가봐도, 그 홍대에 가면서 느끼는 기억은 '행사를 하기 위한 홍대구나'라는 그런 개념이 지금도 머리를 꽉 차고 있습니다. 뭔가를 하기에는 굉장히 좋은, 서명을 받기도 젊은이들이 많이 서명하는, 임시적으로 겉으로 보이는 효과를 내는 데는 그만한 장소는 없는데, '우리가 투쟁을 하기 위해서, 규명을 하기 위해서 길게 오래갈 수 있는 장소가 어디냐'는 걸 계속 봤죠.

시청, 지금 우리가 서울광장이라 그러나요? 거기, 그리고 홍대 [를] 제일 먼저 생각했죠. 그러다가 그 생각을 계속 가지고 있는데 마로니 촛불에서 촛불을 한다는 걸 어떻게 제가 들었어요. 그래서 갔더니, 처음에 딱 갔는데 분위기가, 어? 그냥 지성이가 거기 있는 거예요, 이해를 하실지 모르겠는데. 대학교나 아니면 학창 시절의 과나 동아리들이 MT를 가고 나서 하는 듯한, 그리고 뭐 좋아하는 친구들끼리 어떤 서울 외곽지에 가서 하룻밤을 새는 듯한 그런 분위기. 그래서 세월호에 대한 걸 가지고 몸짓을 하고 노래를 하고 그렇게 하는데, 거기에 아이들이 수북이 와 있는, 그 아이들 중에 지성이가 거기에 와 있더라고. '니가 이 자리에 와 있구나. 광장이 밀리면 여기다. 그러면 내가 투자를 해야 되는구나', 그래서 줄기차게, 전혀 일면식이 없는 분들이, 연극하시는 분들 지금도 축이 돼서 하시는데….

그래서 당연히, 가족이니까, 그래서 그때 저는 달리고 뜨거운 가슴속으로 가고 있는데, 그 진행하시는 핵심 분이 그러더라구요, "아버님, 많이 답답하시지요?" 신고를 안 해놓고 집회가 아닌 문화제를 하는 거예요, 지금도. "저희가 같이 모여가지고 소리를 안 지릅니다. 아버님 너무 못마땅하시겠지만 길게 가기 위한 싸움을 저희들은 고민을 하고, 이렇게 해서…. 아버님 아실지 모르겠지만 저희는 신고도 안 하고 이거를 하고 있습니다. 문화제니까 신고를 안 해도 됩니다. 그런데 아버님 종로서에서 매 주마다 여기 와서 같이 서 있습니다. 아버님 보시면 아시겠지만 저희들은 이렇게 하고 있으니 아버님이 많이 답답하셔도 길게 가는 싸움에 있으니까, 정 아버님이 답답해하시면 아버님은 언제든지 마이크 붙잡고 얘기하세요. 아버님 하고 싶은 대로 다 하십시오. 경찰하고 저하고는 조금 인맥이 있으니 못 건드릴 겁니다. 아버님은 유가족이시니까". 그래서 이제 거기를 계속 가게 되었죠. 그리고 내 나름대로 또 그분들한테 세 번째인가 갔을 때 대놓고 얘기했습니다, "나는 여기[광화문광장]가 만약에 밀린다면은 서울의 대학로가, 거기는 밤새도록 있어도 법적으로 걸리는 장소도 아니고, 젊은이들도 오고 연극의 중심지이기도 하고, 하다못해 거기다가 텐트를 친들, 개인적으로 누가 거기서 밤샌다고 한들 뭐라 그럴 장소는 아니겠다" [하고요].

지성 아빠   연극인도 있고 가수도 있고 마임 하시는 분 있잖아요. 마임 보시고는 어떠셨어요?

지성 아빠   그분한테는 제가 솔직하게 얘기했습니다, 유성욱 씨라고 우리 연극하시는 분인데, 조명 담당도 하시고 하는데, 예술 하시는 분한테 내가 감히 연극의 이름도 모르는데 마임이라는 것도 모르는데…. 저는 사실은 마임은 많이 봤습니다, 옛날에 〈빨간 피터의 고백〉 [했던] 추송웅 씨를 제가 개인적으로 좋아했기 때문에. "근데 조금 더 적극적으로 해라". 조금 친해졌을 때, 내가 관여하는 이런 게 아니고, "성욱아, 너 나를 좀 접해봤으니까 니가 나를 알지?", "예, 아버님. 아버님, 편하게 얘기하세요", 얘기하라 그러길래 "좀 더 적극적으로 해라". 왜냐하면 그분들 성향을 제가 다 파악을 했습니다. 그리고 거기에서 우리 아이들이 내려왔다고, 지성이가 있다고 하는 느낌이 뭐냐 그러면, 이제까지는 행사를 하기 위한 순서를 짜고 발언을 5분, 7분, 누가 나오고 국회의원 누가 나오고 시민 단체 누가 나오고 민주노총 누가 나오고 항상 그런 식이에요. 지금도 그러잖아요? 그런데 거기를 갔는데 그분들은 몸에, 어딜 가면 다 개런티[출연료]를 받아야 될 분임에도 불구하고, 보여주기 위한 게 아니고 세월호 서명을 받고 세월호를 기억하고 잊지 말라고 하는 이 외침을 그냥 몸으로 하고 있는 거예요, 지금도 변함이 없고. 그냥 목소리로 노래를 하고 몸으로 표현하고 춤도 추시고 살풀이 같은 것도 하시면서. 그래서 너무나도 순수하고 '세월호는 저렇게 가야 되겠구나' 하는 그게 그냥 답을 제가 현장에서 봐버리니까.

면담자　　　세게 하라는 걸 뭘 어떻게 더 세게 하라는 건가요?

지성 아빠　　　마임을 하는데 세월호가 인양, 그때 인양되기 전이었거든요. 그걸, 세월호를 들어 올리는 그 장면이 있는데, 이걸 있는 힘껏 올립니다. 이렇게 올리는데, 좀 빨리 올라오게, 이렇게 하는데 중간에 세 번을 끊어 올리는데 좀 매가리가 없어요. "야, 성욱아. 올라와야 되잖아. 힘을 좀 빡빡 줘가지고 잘 올라오게", 제가 한 얘기를 그 친구도 알지요. 그래서 "좀 그런 표현을 조금만 더 해줬으면 참 좋겠다". 세월호, 이게 마임이니까 절대 이야기를 안 하는데, 그 마임을 통해서 던지는 메시지는 엄청나더라구요. 그리고 또 지나가시는 분들도 이게 마임을 할 때 굉장히 많은 분들이 모여서 보십니다. 이렇게 보면 처음에 한 번 보면 그게 무슨 내용인지 모르는데, 고 마임을 할 때는 누가 보더라도 세월호를 들어 올리는 과정이 돼버리죠. 사람의 일대기, 어려서부터 늙어가는 죽음의 과정도 표현하고 그러는데 보면, 우리가 간담회 가가지고 10번 간담회를 하는 것보다 어떻게 보면 그 사람들이 연극을 통해서, 마임을 통해서 한 번 한 그 메시지는 엄청난 [거더라고요].

면담자　　　계기는 "광화문광장에서 유가족들이 밀려났을 때를 대비한 다른 장소를 생각하시면서 갔다" 이렇게 얘길 하시는데, 또 다른 발견은 '아, 세월호와 관련된 사람들의 만남이 이런 모습으로 이루어져야겠구나' 하는 걸 마로니에 촛불에서 보셨다는 거네요.

지성 아빠   아, 제가 이제 아까 "반박자, 한 박자 빨라야 된다"고 하는 게, 거기를 줄기차게 간 이유 중에 하나도 거기에 있습니다. "부모님들이 여기 좀 와주십시오". 제가 계속 가고 그러면[서] 그 얘기를 드렸는데 안 오는 거예요. 거기 분들은 아까도 말씀드렸지만 어디다 모실려면 귀하게 개런티 쥐가면서 모셔야 되는 분들인데, 이런 분들이 이걸 하고 있는데, 그분들은 가족들이 힘들어할까 봐 지금까지도 절대 초빙을 하지 않으세요. 근데 부모님들이 오시기[를], 와서 함께해 주시기를 너무나 고대하는 사람인데 절대 입 밖에도 한 번도 안 내요, 여지껏. 그래서 제가 한번은 물어봤어요, 아예, "나 오는 게 부담스럽지 않냐?"고 오히려. "아버님, 오셔야죠. 그러면 아무래도 서명도 더 받고, 저희들도 더 힘이 되고 하니까. 아버님, 힘드셔서 그렇지, 오시란 말씀 미안해서 못 드리지" 그래서 "우리 부모님들 여기 오면 좋아, 안 좋아?", "오시면 좋은데요".

면담자   아버님이 느끼신 그분들의 활동에 대한 감동들이 계기가 됐겠습니다만, 그래서 4·16TV 창립 기념을 마로니에TV에서 쭉 하고 있는데, 언제부터 했습니까?

지성 아빠   마로니에 촛불에서….

면담자   마로니에 촛불에서 몇 주년부터 하셨어요?

지성 아빠   일?

면담자   4·16TV 창립 기념 촛불문화제를 2015년 8월부터 하셨습니까?

지성 아빠 　2015년도에 싸움하느라고 못 했는지…, 하여간에 했으면….

면담자 　1주년이나 2주년 때 했겠네요.

지성 아빠 　제가 동거차도에서 보내지 않았으면, 팽목이 아니었으면 1주기 때부터 아마 마로니에 촛불이었을 겁니다. 2주기 때부터는 확실하게 거기서.

면담자 　4주년 촛불문화제 때는 제가 갔었거든요. 그래서 하는 걸 봤습니다. 마로니에 촛불이 4·16TV의 창립기념 촛불문화제를 하는 것을 통해서, 4·16TV가 갖고 있는 성격을 잘 표현하고 있다고 봐요. 한국 사회의 시민운동조차도 사업화되고 형식화되고 이런 측면들이 있는 현실에도 불구하고, 이 마로니에 촛불은 그런 것들을 다 뛰어넘은 것 같고, 지성이와 아이들이 그 자리에 같이 있는 거 같은 느낌의 행사를 하고…. 그런 정신으로 쭉 활동을 해오신 4·16TV를 거기서 매년 기념을 해주는 이런 모습으로 저한테 느껴져서, 4주기 때 가서 되게 감동을 받았거든요. 그래서 제가 좀 여쭤봤구요.

지성 아빠 　약간 농담인데요, 이 정도 하면, 뭐한 말로 제정신 가진 사람들이라면 가족협의회에서 챙겨야 돼요. 이게 명칭은 가족협의회의 사무처 4·16TV예요, 가족협의회 안에 있는 4·16TV예요. 이 정도 하면 가족협의회에서 챙겨줘야 되는데요, 이 정도 하면 4·16연대에서 4·16TV를 홍보를 해야 되고, 4·16TV에 대해서 챙겨야 되는 거예요.

그렇지 않습니까? 내가 연대 사무실 털릴 때 두말없이 카메라 들고 연대에 쫓아가 "왜 내 집 쎈타 까냐?"고 거기서 생쇼 한 사람이에요.

면담자   (웃으며) 이제 1차 마무리하려니까….

지성 아빠   여기까지만 해야 되지?

면담자   1차 구술을 마무리하려고 그러니까 아버님 속마음이 좀 나오기 시작하네요. (웃으며) 분향소에 4·16TV 사무실 만들어지는 과정, 그다음에 차가 생기는 과정 이런 거를 마지막에 여쭐려고 그랬는데요. 지금 시간이 너무 지나서 이 질문은 제가 2차 구술 시작할 때 제일 앞 대목에 여쭙겠습니다. 오늘 촬영하고 늦은 시간에 오셔가지고 너무 긴 시간 구술을 해주셨어요.

지성 아빠   제가 너무 죄송하죠.

면담자   밤늦게까지…, 이제 졸리실 때도 되고 집중력이 떨어질 때가 돼서.

지성 아빠   저는 이제 시작인데, 원래 1시간 정도 지나야 제가 좀 풀리거든요.

면담자   감사드리면서 1차 구술은 여기서 종료하겠습니다.

2회차

2019년 1월 30일

1
시작 인사말

면담자   본 구술증언은 4·16 참사에 대한 참여자들의 경험과 기억을 기록으로 남김으로써 이후 진상 규명 및 역사 기술에 기여하고자 합니다. 지금부터 4·16TV 지성 아빠 문종택 씨의 증언을 시작하겠습니다. 오늘은 2019년 1월 30일이며, 장소는 안산시 단원구 가족협의회 4·16TV 사무실입니다. 면담자는 김익한이며, 촬영자는 강재성입니다.

2
4·16TV 시작 당시의 여러 상황들

면담자   아버님, 어제에 이어서 2차 구술을 시작하려고 하는데요, 오늘 벌써 김복동 할머니 찾아뵙고 또 촬영도 하시고 오셨네요. (지성 아빠 : 네) 사람들이 좀 많았습니까?

지성 아빠   어, '저렇게 살아야 되겠구나' 물론 밝혀진 것도 없이, 어떤 사과나 [그런 것도 없이 가셨지만]. 어떻게 보면 국가적인 것이기도 하지만, 또 '인권에 대한 그런 부분이기 때문에 저희들하고 아주 밀접한 그런 관계'라고 생각을 합니다, 따지고 들어가 보면. 근데 '저렇게 살아야 되겠구나', 정말. 물론 이제 당신[김복동 할머니]은 모르시겠지만, '많은 사람들이 찾아왔다는 거, 가까이 있는 분이 아니고 각

지방에서 정말 남녀노소, 하물며 정치권까지, 물론 색깔이 좀 다르겠지만, 어찌 됐든 간에 대한민국의 국회, 대통령, 국회의장까지 오는 그런 삶이라 그러면 참 그분들의 후손은 자랑스럽겠구나' [하는 생각이 들더라고요]. 감히 제가 그렇게 돼보겠다는 꿈은 안 꿨습니다(웃음).

면담자   오늘은 먼저 4·16TV의 운영과 관련된 부분을 조금 집중적으로 여쭙고 가도록 하겠습니다. 차량은 언제부터 운영하기 시작하셨어요?

지성 아빠   차량은 국회 단식하는 날. 물론 그 전에도 제가 진상규명할라고 제 차로 각 섬들 돌아다니고 이렇게 했지만, 카메라를 [들고] 방송을 하는 과정에서 제 차를 가지고, 개인 차를 가지고 쭉 했지요. 차가 그나마 다행히 가스차에다가 이제 짐을 안 실으면 일곱 명까지도 탈 수 있는 그런 차가 돼서, 방송, '세월호 유가족 TV' 이렇게 고무판을 붙이고 그렇게 1년 반 정도 [썼어요]. 싸움을 하는데 차량이 되기도 하고, 물론 당연히 발[이] 되는 거고, 부모님들 도보나 이런 것들 하게 되면 가방 같은 거 넣어두는 보관함도 되기도 하고 뭐.

면담자   카니발이셨어요?

지성 아빠   카렌스.

면담자   카렌스는 아버님 개인 차인데 유류대도 아버님이 직접 내고 다니셨어요?

지성 아빠   그렇죠.

면담자   그게 가협에서 지원이 언젠가부터는 나왔을 거 같은데?

지성 아빠   '그런 지원의 체계를 해주겠지'라고 생각을 했는데 그렇게 안 돌아가더라고, 역량이. 그래서 제가 그 김종천 국장이 떠나고 많은 고민을 했습니다. 지금까지 하는 고민인데, 이 4·16TV를 하면서 과연 내가 올바른 이야기를, 왜냐 그러면 세월호 유가족 방송, 진실의 방송, 사실의 방송 4·16TV인데, '가족들의 때로는 못난 모습도 그대로 비춰내는 것이 그게 진짜 사실의 방송 아닌가? 그리고 그것 또한 기록 아닌가?' 해서 그냥 정말 오랜 시간, 그리고 너무나 많은 고통이죠, 그 고민을 하는 거는 지금도 끝난 건 아니지만. 그렇게 하다가 개인적으로 나가서, 그 당시만 하더라도 세월호가 굉장한 사회적인 어떤 힘을 가지고 있었기 때문에, 그때 꾸렸으면 또 다른 형태의 4·16TV가 돼 있을 거고, 충분히 그럴, 주위에서 요구도 있었고, 또 실질적으로 도와주신다고 하시는 분들도 계셨고 그랬는데….

그때 저희들이 세월호 유가족 '시체 팔이' 이런 거와 배·보상의 이런 문제, 정치권에 얽매여 가지고 이런 과정이 겹치면서 제가, 아무도 여기 신경을 안 쓰는데 제가 떨어져 나갈까 안에 들어올까 [고민하다가] 제 스스로 그냥 들어와 버렸습니다. '여기 오면 누군가 좀 도와주겠지', 그래서 이제 그 당시에 우리 가족대책위의 사무처장은 상호 아버님, 유신이 아빠가 있었는데, 말이 짧아서 그렇지 사무 행정 처리 보는 데는 아주, 감정이 조금 메말라 있는 듯한 그런 거지만, 아주 명쾌하기 때문에, 제가 그분이, 사무처장이, 상호 아빠가 계셔서 따로 저녁에 만났습니다, 컨테이너, 화랑유원지 뒤에서. 왜 그분을 만났냐 그러면 그분 전화번호를 딱 했는데 "세월호는 학살이다" 하는 게 제일 처음 제 눈에 타이틀이 이렇게 뜨더라구요. '아, 이

정도 아버님이면 내가 같이 가볼 만하겠다' 그래 가지고 제가 그때, 사무처장이었으니까, 사실 언론하고 돈을, 어찌 됐든 간에 저희가 돈이 있는 게 아니고, 가족협의회 돈을 만지는 그런 사무처 모든 행정의 메인이기 때문에, 언론과 돈줄이 합해져 버리면 이건 무소불위의 그런 상황이거든요.

물론 국가를 얘기하는 건 아니지만, 가족협의회 차원에서 제가 미리 그거를 염두에 두고, 그때 사무처장 하던 우리 상호 아버님한테 제가 이 얘기를 그대로 했습니다, "내가 대협이나 이런 데를 안 들어간다. 원래 홍보를 따지면 대협이 맞는 건데, 대협이나 무슨 심리나 이런 가족의 활동에 안 들어가고 내가 사무처로 내가 들어갈려고 한다. 이거를 안 받으면은 나는 따로 별도로 나갈 거다". "왜 사무처에 들어오느냐"고 묻는다면 그때 제가 그랬어요, 좀 친분이 있으니까, "니가 있어서 간다". 그래서 왜, 위험한 거는 조금 전처럼 "권력과 집행을 실질적으로 휘두르는 곳이 무소불위가 되는 부분이 있는데, 내가 거기에 있음으로 인해가지고, 사무처에 있음으로 인해가지고 내가 모든 거를", 그 당시는 감사나 이런 부분이 없었거든요. "내가 모든 걸 들여다볼 수가 있기 때문에 내가 사무처에 간다. 그것이 우리들의 안전을 지키는 거고 그건 내가 누가 뭐 비리가 있어서 그런 게 아니고, 우리 스스로 안전을 지키기 위해서 내가 그 자리가 맞는 거 같아서 내가 사무처로 간다", 그렇게 돼서 가족협의회, 원래는 '사무처 방송국' 이렇게가 맞는 거죠, 공식적으로 본다면.

면담자　　　김유신 사무처장하고 얘기를 나누신 게 대체로 언제쯤이세요?

지성 아빠   4·16TV를 한 지는 오래됐지만 그거는 아마 15년도 가을쯤인 걸로 기억을 하거든요.

면담자   아, 그래요? 상당히 늦었네요.

지성 아빠   긴 시간이죠.

면담자   김종천 당시 기억저장소 사무국장 등과 같이했지만, 4·16TV가 저장소 소속이거나 그러지는 않았거든요. 그러면 지성 아버님은 스스로 어디 소속이라고 생각하셨어요?

지성 아빠   그 당시에는 기억저장소가 가족협의회 회의하는 데도 하고, 보고도 하고 그런 형태로 갔습니다. 지금은, 요 시점에서는 분리로 따로 저기가 된 거지만, 아직까지 총회 하기 전까지는 가족협의회 산하기관이 지금 기억저장소, 기억교실이 되는 거고, 이 총회가 끝나면 이제는 기억저장소하고 가족협의회는 산하기관이 아닙니다.

면담자   그렇게 결정이 됐어요?

지성 아빠   이제 별도가 되는 거죠. 왜냐하면 별도로 법인을 갖고 있는 건 아니지만….

면담자   재정 운영의 독립성 때문에?

지성 아빠   재정 운영이나 이런 것들이 있기 때문에…. 그래서 아마 교수님이 가지고 계시는 기억의 그리고 과정의 부분하고 제가 가지고 있는 기억의 과정이, 기억저장소에선 아마 저는 틀리는[다른] 걸로 저는 지금은 알고 있습니다, 같을지 안 같을지 모르겠지만. 나중에도 언제 시간이 나면 그런 부분은 [확인을 해볼 필요가 있겠지요].

왜냐 그러면 지금 김종천 국장은 기억저장소를 말아먹은 나쁜 사람으로 정리가 돼서 쫓겨난 걸로 돼 있거든요. 근데 거기에 대해 저는 누구보다도, 제가 거기에 있었고, 내 눈으로 같이 행동했던 사람으로서, 절대 그런 사람이 아니고, 지금처럼 통장을 따로 가지고 관리할 거 같았으면 시민한테 맡겨두는 게, 시민에 의해서 탄생된 기록이거든요, 그럼 그건 시민한테 돌려주는 게 맞았던 건데….

재정을 끌고 갈려니 시민들, 국민들한테 돈을 받아야 되는데 세월호 유가족들이 돈에 대해서 자유롭지 못하니까 돈은 차단을 시키고…. 거기서 일을 하는 사람들은 [돈이] 있어야 되는데…, 그러면 김 국장이 어떻게 처리를 하느냐, 가족들이 회비에서 도와줘야 되는데 그거는 안 되고, 후원받는 것도 못 받게 하면, 이제 처음에는 등록을 하기 위해서 물론 개인 이름으로 할 수밖에 없었던, 끌고 가기 위해서…. 그래서 지금처럼 그렇게, 저는 일종의 행사라고 보는데, 무슨 펀딩도 하고, 그걸 자유롭게 시민들 손에 의해서 했으면, 부모님들도 같이 합세했었더라면, 김 국장이 했을 때 [훨씬 좋은 결과를 낼 수 있었으리라 생각해요]. 지금 우리 부모님이 아홉 분, 열 분 같이 붙어서 했다 그러면 더 큰 시너지효과가 났겠죠. 근데 결국에는 다 후원 돈 받아갖고 저희들이 하면서 결국 쫓아낼 때는 재산도 없이, 후원도 안 받는 사람보고, 그렇게 일하시는 분들 차비도 못 주게까지 다 말려났나, 이거는 어불성설이죠. 그거는 저라도 아마 나중에 4·16TV를 통해서 밝힐 겁니다.

면담자　　　　지금 맥락을 좀 다시 짚어서 말씀드리면, 그러니까 2015년 가을경에 공식적으로 4·16TV는 가협의 사무처 소속 방송국이 된 거죠?

지성 아빠　　　그렇죠, 서류상. 그러면 이제 쉽게 말하면 경비나 이런 것도 나와야 되는데, 경비는 제 경비를 계속 쓰면서 제가 소속만 (면담자 : 소속은 명확하게 했다?) 걸어놨죠.

면담자　　　4·16TV의 발생이, 2014년 8월에 기억저장소의 김종천 국장의 시도와 제안으로 출발을 하다 보니까, 2015년 가을까지 소속이 불명확하거든요. (지성 아빠 : 네) 출발은 기억저장소에서 출발했지만 실제로 지성 아버님의 4·16TV는 독립적으로 움직였단 말이죠.

지성 아빠　　　처음에 서류는 없지만 [시민]기록위원회 4·16TV라고 보는 것이 맞습니다.

면담자　　　그 시민기록위원회가 2014년 8월 말에 4·16기억저장소가 되는 거죠? 그 이후에는 일단 4·16기억저장소 소속이라고 체계상으로는 생각은 하고, 작업은 독립적으로 움직이고, 그다음에 그 소속이 2015년 가을경에 사무처 소속으로 바뀌고, 근데 내용적으론 또 독립적으로 움직이시고…. 이렇게 정리를 하면 되겠습니까?

지성 아빠　　　명확한 건, 가족협의회 사무실이 있는 경기도미술관 안에, 저희들이 가족협의회 임원들이 회의를 할 수 있는 장소에 컴퓨터를 갖다 놓고, 김종천 국장이 거기서 영상 기록을 담고, 보나하고, 우리 박보나 양, 5반 성호 누나 보나, 저, 김 국장이 카메라를 들고 광화문을 다니던 시절이, 그래서 컴퓨터가 거기 있고 사무실도 없고 그러니까 거기서, 4·16TV가 누구 소속도 아닌, 어떻게 보면 오갈 데가 없고 어떻게 보면 가족이 끌고 가는 방송이다 보니까, 그래서 거기서 그냥 생활을 하고 하다가, 김 국장이 기억저장소를 하니까 당연히 그냥 그대로 있는 거 몇 가지 들고 글로 가게 돼서 저장소 4·16TV가 [되었다] 그렇게 보는 게 맞죠.

면담자　　　그러다가 어느 시점에 화랑유원지에 4·16TV 컨테이너 박스가 생겼죠?

지성 아빠　　네, 제가 요구를 했죠.

면담자　　　그게 대체로 언제쯤이었을까요?

지성 아빠　　그걸 기억을 못 합니다, 서류에는 있을 건데.

면담자　　　제 기억에는 늦가을, 춥기 전에 그 정도 아니었어요?

지성 아빠　　하여간에 『금요일엔 돌아오렴』 작가분들이 부모님들 만나서 막 진행을 하던 그 시점 초반입니다. 왜냐하면 제가 거기 4·16TV 컨테이너를 갖다 놓고 김순천 작가님이 새벽에 저를 거기서 기다려주셨기 때문에, 제가 그래서 그나마 기억을….

면담자　　　네, 알겠습니다. 어쨌든 그래서 4·16TV 사무실이 그 기억저장소 컨테이너 옆에 옆에 정도죠, 위치가?

지성 아빠　　식당 있는 옆에. 그 기억이 없으시죠? 이제 모르실 거 같은데.

면담자　　　아, 식당은 모르겠어요.

지성 아빠　　교수님이 우리 부모님들 밥 한 번씩 당번하셔서 차려

드린 그 식당, 뭐죠?

면담자   '밥값식당'.

지성 아빠   올라가 탄 거 옆에.

면담자   아, 거기 있으셨어요?

지성 아빠   거기 식당 하시던 그 옆에, 원래 회색으로 된 이런 사이즈가 아니고, 지금 3×6짜리 두 개 붙였는데, 그 당시에 3×9까지 그냥 기다란 컨테이너 회색을…. 제가 그때는 좀 꼭지가 돌았습니다. '이렇게 그냥 내버려 두냐' 해서 제가 좀 성질을 내서 그나마 그 컨테이너 하나를 따서, 전기도 안산시청[에서] 나와서 해서, 그렇게 해서 거기가 독방인 4·16TV의 공식 방이 된 거죠, 컨테이너.

면담자   정리를 위해서 다시 확인하면, 주차장에서 경기도미술관을 바라보고 좌측 편에 컨테이너 박스를 하나 놓고 4·16TV 사무실이 처음으로 생기게 되는 거네요. (지성 아빠 : 네) 그러면 저희가 분향소에서 나오기 전까지는 계속 같은 장소에 있었습니까?

지성 아빠   거기서 목공소 옆.

면담자   옆으로 옮기시죠?

지성 아빠   옮겼죠, 네.

면담자   그거는 대체로 2015년, 그러니까 14년이 넘어간 어느 시점에 컨테이너 박스가 새로 배치가 된 거네요, 멀리 떨어져 계시다가.

지성 아빠   멀리 떨어져 있는 그거는 얼마 안 되었지만, 제가 거기다가 요구를 한 게 아니고 원래는, 교수님은 아시겠지만, 대한 무슨 연맹이지, 기억이 안 나네…. 저희들 분향소에 딱 들어가면 왼쪽 편에 항상 그게 첫 집이었습니다. 노란 컨테이너에, 제가 너무 마음에 안 들어서, 대한 무슨 연맹.

면담자   자유총연맹?

지성 아빠   자유총연맹인가 그게 끝날 때까지 거기 제일 앞에 있었습니다. 제가 거기도 두 번 카메라 들고 쫓아갔습니다. 저희들하고는 맞지 않는 단체인 걸 알고 있는데 누구도 이야길 안 하고, 가족회의 할 때 얘기해도 뭔 소린지도 모르고, 그럼 좀 물어나 봐야 되는데…. 그래서 제가 쫓아내면 또 갑질 이런 부분이 돼서, 제가 가면 항상 긴장을 갖고 있는[긴장감이 돌았는데], '제대로 좀 하시오'라는 그런 의미를 심어놨던 그런 부분. 그거를 제가, 그거 아니면 그 옆에 거를 제가 요구를 했었습니다. 그 이유는 모든 우리 분향소에 들어가고 나가고 하는 사람을, 그리고 "창문을 크게 해달라"고 그랬거든요, 그거를 제가 다 봐야 되기 때문에, 제가 이제 '지킴이 경비 역할을 꼭 해야 되겠다'는 생각에서. 근데 거기 뒤에다 박아놔 가지고, 얼마 안 있다가 화랑유원지 가족 대기실 옆에 글로 [옮겨] 오게 되었죠. 그것도 거기 못 오는 걸 제가 글로 "해달라" 그랬더니, 저런 생각도 없이 또 거기 우리 원래 이름은 '성호의 성당'이지만 "'기다림의 성당'으로 또 바꾸라" 그래서…, 그 역할도 사실은 못된 짓도 많이 했습니다, 제가. 그래서 그게 '기다림의 성당'이 됐습니다.

3
4·16TV 운영의 어려움

면담자 그러다가 차량은 카니발로 바뀌죠. 그거는 언제쯤이
셔요? 2015년 후반 정도 되려나?

지성 아빠 네, 후반일 겁니다.

면담자 어떤 계기로 차를 바꾸게 되신 거예요?

지성 아빠 차를 바꾼 거는 저희들 4·16가족협의회로 안산시에서
차량을 갖다가 다섯 대를 지원을 [했어요]. 저희들이 계속 팽목을, 인
양되기 전이었으니까, 왔다 갔다 하는 그런 과정에서, 버스도 그런 부
분이 있지만, 작은 차들이 있어서 수시로 내려가고 올라가고 하는 그
런 과정을 이야길 해서 그중의 한 대를 4·16TV를 줄줄 알았는데 안
줘서, 그냥 제가 뺏었다라고 기록을 해놓는 게 훨씬 더 맞을 겁니다.

면담자 그다음부터는 유류대도 안산시에서 대기 시작했나요?

지성 아빠 네, 차량 유류대.

면담자 그리고 지난 구술에서 말씀하셨습니다만 희망재단에
서 제공한 큰 카메라, 그거 하나 들고 다니시다가 카메라가 늘었죠?
(지성 아빠 : 네) 어떻게 해서 카메라가 늘게 되셨어요?

지성 아빠 돈이 들어가거나 조금 아픈 구석이 있으면 항상 혼자
감당을 해왔고, '그렇게 또 해가야 된다' 생각을 했기 때문에…. 한번
하다가 언제 가족회의를 하는데 내가 도와달라는 개념보다는 "내가

지금 이렇게 이렇게 이런 일들을 하고 있다. 좀 이렇게 알고들 좀 가족들이, 세월호 유가족 방송인데 가족들이 안 보면 어떡하느냐?" 제가 알 수가 있거든요, 이제 관리자이다 보니까. 그러면서 "행여나 주위에서 후원에 대한 손길이 이야기가 나오면, 4·16TV 장비가 필요하니까 우리 부모님들이 4·16TV 이야기를 나가서서 좀 해주십시오" 딱 얘기하는데 그다음다음 날인가 청운동에 저희 부모님들이 투쟁할 때 순범이 엄마하고 영석이 엄마가 주로, 그래서 이제 82cook[온라인 커뮤니티] 어머님들을 만나시게 돼서 그분들이 "가족협의회에 뭐 도울 일이 없냐?"라고 얘기하니까, 바로 이제 어젠가 그저께 지성이 아빠가 한 얘기가 생각이 나셨던 모양입니다. 정말 천운이죠, 나로서는. 그랬더니 전화가 왔더라고요, "보자"고.

그래서 실질적으로 그분들이 아니었으면 지금 어쩌면 존재를 못했을지도 모릅니다. 물론 이제 완전 개인 방송으로밖에는 할 수 없는 상황이었겠죠. 근데 그분들 만나면서, 그분들 또 얘기를 들으면서, 지금 82cook은 좀 다 조직이 와해되어 있는 상황이지만, 그래도 거기서 뜻있는 몇 분들이 남아서 아직까지도 핫 팩이라든지, 건전지 요런 부분을 주십니다. 핫 팩 같은 경우에는 박스로 주십니다. 제 본성을 좀 알고 4·16TV가 하는 거를 간파를 하신 후로는 무엇이 생기면 여기다가 그냥 갖다 놔버리십니다. 그러면 제가 필요하신 부모님들한테 공급을 하고, 필요한 촛불, 지방 촛불에 공급을 하니까 그냥 믿으시고 물품으로 이렇게 지원을 해주시죠. 그래서 그분들이 카메라를, 결정적인 거는 세월호 바자회를 할 때 어떤 그런 미술작가 분들 작품들 이런 거를 조계사에서 바자회를 하서서, 그때 수익금이 제가 대략 4000[만 원] 정도로 들었습니다. 그분들의 방침은 투명하기 위해서 그렇게 생긴 돈은 하루 만에, 24시간 안에 모든 걸 다 털어내야 [해서], 후원을 하든지 기부를 하든지 도울려고 하는 장소에 다 해야 [한다는 걸] 그분들이 원칙으로 그렇게 긴 세월을 끌고 오셨더라구요.

그래서 이제 저는 그런 걸 전혀 모르니까, 그분들이 "용산에 가자"고 "만나자"고 그래서 용산에 갔더니 저보고 필요한 거를 다 고르라고 그러는 거예요. "우리는 모르니까, 지성이 아버님이 방송을 하니까" [하시는 거예요], 저도 사실은 모르는데. 그분들이 보시기는 제가 방송을 하니까, "지성이 아버님 방송하니까 뭐 필요한지 우리는 모르니까. 대신에 필요한 거는 조금도 거리낌 없이 뭐든 다 골라내봐라" [그러시더라고요]. 어, 근데 거기서도 많이 울었어요. 그걸 위해서 얼마나 많은 손길들이 준비를 하고 그런 걸 제가 또 아니까, 그래서 못 사고 꼭 필요한 것만 샀어요. 그런 내막을 모르고, 그때 자꾸 "저것도 사라, 저것도 사라" 그러시더라구요. 근데 그분들 나름대로의 이유가 있었던 거더라구요, 그분들도 투명하게 처리를 해야 되니까. 저는 조금이라도 아껴서 꼭 필요한 것만 해서 또 다른 곳에 쓰여지면 좋겠다 하는 생각이었는데, 그분들은 여기다가 올인을 하고 싶은 생각이었는데….

면담자   그 계기로 기본 장비를 갖추기 시작하신 거네요? (지성 아빠 : 네) 가벼운 질문입니다만 뭐를 샀을 때 가장 기쁘셨어요?

지성 아빠   역시 카메라.

면담자   사이즈 작은 거?

지성 아빠   제가 크고 작고 이런 거보다 전투용 카메라와, (웃으며) 들고 댕기기에 기존에 있던 게 너무 무거워서, 그래서 삼각대를 고정적으로 놓고 쓰는 카메라, 그리고 내가 언제든지 들고 쫓아댕길 수 있는 가벼운 카메라, 이런 장비가 생겼다는 게 참 너무 좋았죠. 그리고 이제 하드, 외장하드인데 스토리지[storage]라고 그거를 구입을 해서 내 마음대로 저장을 시킬 수 있었던….

면담자   스토리지 말씀하셔서 제가 사실은 계속 궁금했는데, 이제 방송으로 송출을 하건 녹화 영상으로 갖고 계시건 이게 영상파일 사이즈가 엄청날 거거든요. 그러니까 그거를 사무실에서 인코딩을 해가지고 파일 형태로 만들어서 보관을 하실 거 아니에요? 그 엄청난 용량을 현재는 어떻게 보관하십니까? 다 스토리지 안에다가 넣어놓습니까?

지성 아빠   그때까지는 스토리지를 82cook에서 제공받아서 했고, 최근에는 사무실에다가 청구를 해서, 자료실이 있으니까 제가 자료실에 그걸…. 달라 그러는 사람도 없어요, 자료실에 자료를 모아놔야 되는데. 제가 그걸 또 시간만 나면 한 부를 복사해서 다 전에 했던 거를, 거의 10테라[바이트] 양을 자료실에다가 넘겨놨습니다. 그리고 저도 물론 가지고 있고.

면담자   그러면 원본은 4·16TV방송 사무실에 있는 스토리지에 보관이 되고, 일종의 백업본은 가협 진상분과 자료실에 보관을 하고 있는 상태다 이렇게 보면 되겠습니다. (지성 아빠 : 네) 가협 진상분과 자료실 스토리지는 라인은 끊어져 있죠? 해킹이라든지 이런 것을 방지하기 위해서. (지성 아빠 : 네) 인터넷 라인으로는 연결돼 있지 않은 안전한 스토리지라고 볼 수 있겠네요? (지성 아빠 : 네) 네, 확인 고맙습니다. 다음 질문입니다만 유류대가 나온다고 하더라도 차량 운행하실 때 이런저런 최소한의 비용은 들어가지 않습니까?

지성 아빠 최소한의 비용이 아니고 많이 듭니다.

면담자 어떻게 하서요?

지성 아빠 그러니까 싸움해 가면서, 집사람하고.

면담자 아직도 사비 투여를 많이 하시는군요.

지성 아빠 한 달에 벌금만 해도 지금 얼만데, 교통 딱지.

면담자 사무처에서는 그거를 다 댈 수는 없는 상황이네요.

지성 아빠 그렇죠. 그래서 원래는 가족협의회 사무처에다가 일절 기대지를 않을려고 했습니다, 지금도 그렇고. 처음에 얼마 전까지만 해도 식사라든지 이런 부분도 않을려고 하다가, 한 1년 반 전에 사무처가 수진이 아빠가 이제 사무처장으로 오고 해서, 같은 반이다 보니까…. 보니까 다른 분과장들하고 다 올리더라구요. 그래서 저도 올렸지요. 처음에는 범칙금 이런 것도 저는 되는 줄 알고, 일절 안 올리다가 올렸더니 또 "그건 안 된다"고 그래서, 그러니까 계속 갈등이 [있음에도 불구하고] 지금처럼 [사무처 소속인 상태로] 하고 있는 거죠. '이거를 가협에다가 내가 두는 게 맞나'는 생각이 들기도 해요], 정말로 언론이라고 본다면 중립인 것이 가장 맞거든요. 이쪽 편도 아니고 저쪽 편도 아니다 그런 중립이 아닌, 정말 4·16가족협의회도 바라보고 바깥세상도 바라보고, 서로 그런 부분들이 이제 상충하는 지점에서 우리가 똑바로 갈 수 있는 방향을 제시한다 그러면 그게 원칙은 맞을 건데, 아마 가족들한테 뭇매 맞을 일이 굉장히 많이 있겠죠.

면담자   아까 기억저장소 얘기를 잠깐 하셨는데, 기억저장소는 시민들로부터 월 회비를 받는 수가 꽤 돼서 재정적으로 독립해 갈 수 있는 기반을 갖추고 있고, 그게 가협과의 관계나 이런 것을 정할 때 고려가 되는 그런 상황인 거 같은데, 4·16TV를 시민들의 재정적인 지원을 받아서 운영하실 생각은 안 하셨네요?

지성 아빠   아니요, 계속 고민을 했다니까요, 지금까지도 고민하고.

면담자   현재까지는 진행을 안 하고 계신 상태죠? (지성 아빠 : 네) 아니, 왜냐하면 4·16TV, 제가 농 섞어서 말하면 진성 당원 수가 꽤 되거든요. 그분들에게 CMS 좀 부탁을 하시면 4·16TV가 장기 존속할 수 있는 재정적 기반은 비교적 어렵지 않게 마련을 하실 수 있을 거 같은데 왜 망설이고 계십니까?

지성 아빠   본질이 흐려질 거 같은…, 이 안에 있으면 세월호 안에 있는 거지만, 저기 바깥에 나간다 그래서 내 활동하는 영역이 바뀌는 건 아니지만, 그래도 나가면 눈에 보이는 것들 자체가 보이면 아무래도 행동하는 생각이, 여기에 꽂혀 있는 생각이, 이 안에 있으면 하루 종일, 보다시피 다른 생각을 할 수가 없는 그런 구조인데, '바깥에 나가면 자꾸 세상으로 눈이 돌아가지 않을까' 그런 부분들이 많이 [고민이 되는 거죠]. 그리고 예를 들어서 제가 해서 망하면 아무

탈이 없을 건데, 좀 잘되면 가족들한테 대놓고 손가락질하는 사람은 없겠지만 속으로는 다 손가락질하는 사람들이 [생길 수도 있겠죠]. 저는 그건 누구보다도 잘 알고 있기 때문에….

면담자   말하자면 '세월호 참사를 소재로 해서 풍부하게 재정적 기반을 갖추고 월급 받으면서 활동한다' 이런 이야기를 염두에 두시는 겁니까?

지성 아빠   그것도 있구요.

면담자   왜 제가 자꾸 여쭙냐면, 저는 옆에서 이렇게 뵈면서 '직원이 한 세 사람 있었으면 좋겠다' 이런 생각이 계속 들어서, 현재 가협 체계 안에서는 현실적으로 불가능하기 때문에 한번 여쭈어본 겁니다. 아직도 고민 중이시다 이런 말씀이시네요.

지성 아빠   (한숨 쉬며) 풀어내질 못합니다. 사회에 대한 불신이라고 보시는 분들도 있겠지만 사회가 가지고 있는, 대한민국 사회가 가지고 있는 불신에 대한 싹이 개인적인 생활에서도 지배하고 있는 건데, 우리가 그걸 너무 모르고 있다고 하는 현실…. 그러니까 2014년도, 15년도에 오면서 "무엇을 도와드릴까요? 무엇이 필요합니까?"라고 정말 귀가 마르고 닳도록, 지금도 그런 얘기를 듣는데, "저랑 여기서 저를 좀 도와주시면 안 되겠습니까?"라고 하면 연락이 끊어집니다.

하다못해 안산에 있는 우리 [서울]예술대학에 보면 방송학과가 있어요. 제가 하도 답답해서 거기 그냥 생으로 차, 경비원 있는데 확 몰고 들어갔어요, "신고하라"고, 그래야 좀 이슈가 될 거 같아서. 그러면 나는 좀, 그래도 내가 세월호니까 "내가 지금 돌아버릴 거 같아서 당신들한테 요청 좀 하러 왔소" [하고] 담당 교수를 만날려구요. 교회에 우리 목사님도 안산에서 좀 큰 교회에 속하니까, 예술대학교 옆에 있고, 그렇게 했는데 "도와준다", "도와준다", 말만 "누가 온다" 그러더니만 오지도 않는 거예요. 그런 현실, 그렇게 실질적으로 내가 돈은 무한대로 쏟아부을 테니 내 옆에서 일을 좀 해주셨으면 좋겠다는데, 머리와 가슴과 몸이, 몸 따로 마음 따로가 아니고, 이 세 군데가 늘 따로 놀더라구요. 저희 가족들도 세 군데로 따로 놀고, 일반분들도 세 군데가 따로 노는 거예요.

그래서 제가 오죽 답답했으면, 말도 안 되는 거지만 온마음센터에서도 처음에 "나 좀 도와줘 봐" [했었어요]. 거기도 도와주는 그런 일종에 보면 단체이지요. "사람 좀 하나 보내라, 여기다" [했었는데], 내가 볼 때 할 수는 있습니다, 마음먹으면, 봉급은 거기서 주고. 제가 쉽게 얘기했죠, "사람 여기 좀 보내라. 컴퓨터 글자 쓰는데, 젊은 애들 1시간이면 되는데 나는 날밤을 새워야 되니 내가 죽을 지경이다". 근데 뭐 꿀 먹은 벙어리. 그리고 4·16연대도 마찬가지입니다, 지금이야 뭐 내가 너무나 속사정 잘 알고, 거기도 사람이 없지만…, 연대도 내가 얘기했고…. 그리고 재단이 얼마 전에 생겼지요. 재단에서도 며칠 전에 이 얘기를 또 했습니다, "도와주고 싶은 거에 대한, 불법이 아닌, 법이 한도 하는 내에서 이걸 좀 해라". 그래서 제가, 요건 조금 떨어진 얘기지만, 제가 4·16재단에 들어갈까 말까 생각을 많이 하고 있습니다. 왜냐하면 재단이 하는 일이 이 일이거든요. 노무현재단이나 제가 5·18, 저는 미리 다 돌아봤습니다, 우리 어떻게 부모님들이 몰려서 가기 이전에. 그래서 평화공원, 제주 4·3은 아예 제주도에서 제가 생활을 했기 때문에, 여러 가지로 그런 데 관심이, 전에 말씀드렸듯이 관심이 많기 때문에, 보니까 저는 유심히 보는 쪽이 노무현재단 쪽인데 시행착오를 많이 겪었더라구요. 그래서 그분들도 난다 긴다 하는 그런 재단인데, 우리 모델에 가장 가까운 모델이 그나마 노무현재단 같다는 판단을 제가 해서, 그래서 보니까 하시면서 처음에 하던 사업이 없어지는 것들도 있고 새로 정리를 해서 하는데, 보니까 제가 하는 역할을 재단에서 하고 있더라구요. 그래서 이제 4·16재단에서 사람을 보내는 게 아니고, 내가 4·16재단으로 가면 쉽게 될 거 같은데 지금 재단에서 그만할 생각을 할 만한 분이 아직 안 계십니다. 이사진들 계신데 제가 대충 보니까 그렇게까지 아직 하실 만한 그런 이사님이 안 계시더라고.

면담자　　　4·16TV 운영과 관련해서 또 어떤 어려움이 있으신가요?

지성 아빠　　　고정적인 인력도 있지만, 촬영 활동하는 데, 왜냐 그러면 촬영이라고 하는 게 좀 전문성이 있다 보니까 어떠한 장소, 관이든 어떤 일반 시민 단체든 학교든, 미리 섭외를 통해서 허락을 받아야 되고, 대략 몇 시쯤 간다고 하는 게 우리 일상생활의 기본 예의고 과정인데, 이런 부분을, 그러니까 '누가 오늘 무슨 일이 있습니다' 이렇게라도 정리만 해준다고 그러면, 좀 연락이라도 취하고 하겠는데, 갑자기, 거의 이제까지 저희 일들은 갑자기 '내일 어디 가야 된다, 가자' 이렇게 되면 저는 장비 때문에 차를 끌고 가야 되니까, 그러면 거기 또 우리 가족들이 들어갈 때 들어갈 수 있는 데가 있고,

근데 저는 또 차로 들어가야 되니까 가족들하고는, 그 사람들이 볼 때는 저는 별개의 사람인 거죠. 늘 그렇게 이제까지 싸워왔거든요. 문도 가족들이 몰려 들어가면 쉽게 들어갈 문도, 저는 혼자 싸워가며 그걸 통과하면, 가족들 오시고 나면 저는 진이 다 빠져 있는데 부모님들은 모르시죠, 지성이 아빠가 왜 땅바닥에 주저앉아 있는지를.

저는 부모님들은 쉽게 들어올 수 있는 장소도 저는 죽을 둥 살 둥 싸워가며 거기 가[서] 뚫어놓은 거죠. 누군가 그런, 쉽게 말해서 운전이라도 낮 시간이라도 전문으로 맡아놓으면, 그 하면서 정보, 핸드폰에 대한 그런 정보, 상대방에 대한 그런 문의, 또 약속 이런 부분을 가는 동안에라도 충분히 처리하고 얼마든지, 가서 또 어떤, 미리 정리를 해야 되지만 차 안에서 충분히 그런 걸 할 수 있는데, 운전해 가면서 전화받아가면서 처리해 가면서, 특히나 관에 들어갈 때는 싸울 준비 계획까지 세워가며 이렇게 하다 보니까 [힘이 많이 들지요]. 지금은 이제 그런 부분은 없지만, 어찌 됐든 간에 카메라를 들고 간다는 거는 미리 허락을 받아야 되고, 그리고 지나가는 사람 아무도 찍어도 안 되는 그런 초상권도 있고 그러니까….

저는 가면, 오늘도 세월이 변했는데도 김복동 할머님한테 가면, 부모님들은 우리가 한꺼번에 차가 저까지 세 차가 갔는데 두 차만 합쳐지고 한 차가 떨어져 버렸어요, 다른 길로 빠져갖고. 영석 아빠가 딴 길로 빠져갖고 1시간이나 늦게 왔어요. 짜증 났어, 이제(웃음). 거기 기다리고 있는데 저는 그 1시간이라는 게 너무 짧거든요. 왜냐하면 장례식장, 그리고 또 김복동 할머니의, 그 위안부 할머님들의 그런 사회단체 이런 부분들, 거기도 보나마나 언론들이 꽉 채워져 있고, 저도 예의를 다하고 먼저 문상을 해야 되고, 또 거기에 물어보는 것도 아무나 물어보면 안 됩니다. 그 안에서도, 하도 그런 경험을 많이 해서, 정말 책임지시고 진짜 이분한테 얘기를 해야 정리가 되는, 어떤 사람한테 물어서 '오케이' 그런다고 거기 가서 촬영하다 보면 "당신 뭐야?" 하고 이런 경우 많이 겪었거든요. 그래서 양해 말씀 드리고 허락받고, 허락을 안 해주시면 "요 부분까지는 꼭 해달라"고 하는 사정도 해야 되고. 자리도 또 이왕이면 좋은 자리를 맡아야 되고, 그런 과정들이 일하면서 가장 힘든 일 중의 하나가 그런 일들이죠, 주차 문제부터.

면담자 　　그 모든 것을 지성 아버님이 다 하고 계시네요?

지성 아빠　　그렇게 얘기하면 또, 저 잘났죠?(웃음)

4
시위 현장에서 겪은 위험한 경험들

면담자 　　2015년 4월이 정말 힘든 시기였습니다. 광화문에 있을 때 핸드폰 문자로 '배·보상받아 가시오'라는 것이 왔었구요, 어처구니없는 시행령이 같은 시기에 발표가 됐고, 시기는 좀 앞입니다만 "인양을 하겠다" 하는 정부의 선언이 있어서 이 세 가지가 맞물리는 시기가 2015년 전반기입니다. 당연히 유가족들의 삭발 투쟁에서부터 시작해서 아주 격렬한 싸움이 다시 시작이 되는데, 아버님으로서는 위험천만한 현장 촬영을 하셔야 되는 상황을 맞이하셨어요. 카메라 들고 뛰시는 지성 아버님 입장에서는 그 시기가 어떠셨어요?

지성 아빠　　　그때는 다른 생각을 못 했던 거 같아요. 싸움, '엄마, 아빠들하고 같이 싸워서 어떻게 하면 저걸 한번 뚫어볼까' 오로지 그런 생각. 그러니까 '촬영을 잘해야지'라고 하는 생각은 해본 적은 별로 없었던 거 같아요. 이제 물론 문화제를 한다든가, 어떤 사무실 안에 작품 전시라든가 이런 거 같은 경우는 제가 숨도 멈춰가면서 이거 좀 엄마들 표현을 잘해야지 이런 게 있었는데, 바깥에서는 제가 '촬영을 잘해야지'라고 진짜 생각해 본 적은 없는, 그런 생각이 아예 들지 않았던 거 같아요. '저걸 어떻게 싸우고, 엄마들이 또 자리를 피면 어떻게 화장실을 해결을 해야 되고, 저것들을 좀 달래가지고 하는 게 좋을 건가 아니면 육두문자를 써가지고 싸우는 게 나을 건가', 계속 그런 생각으로 해서 싸움 쪽에만 생각을 해왔지, 제가 그냥 '어떤 마음으로 하자' 이런 그런 생각이 하나도, 기억이 안 나는 게 아니고 그런 생각하는 그게…. 전 질문이 오히려 이상한 듯한, 원래 당연한 질문인데, 그때 제가 별 그런 생각이 없었어요. 카메라 어떻고 할 그럴 상황이 아니고 그냥 어떻게 하면 잘 싸워서 제대로 해볼까 하는 [생각밖에 없었어요].

면담자　　　아버님은 카메라와 방송이라는 수단을 가지고 유가족들과 한 몸이 돼서 투쟁을 하고 계셨던 거네요.

지성 아빠　　　그때 이제 터득한 거는, 카메라를 들고 있으면 카메라 들고 있는 사람은 함부로 못 건든다 하는 거를 제가 몸으로 터득했던 시기라. 그래서 어떻게 보면 좀 용감해졌다 그럴까, 나는 또 그걸 믿고 '내가 더 해야 된다, 카메라가 있으니까' 항상 그런 생각이었던 거예요, '적어도 니네들이 나는 안 건드리는구나'.

면담자   시위 때 같으면, 시위대를 뚫고 들어가서 전방에서도 찍어야 되고. (지성 아빠 : 네) 정 안 되면 몸싸움을 하고 있는 최전방의 어느 지점에서 찍으시거나, 아니면 차로 뚫고 가서 차 위에서 찍거나 하셔야 할 상황이었을 텐데.

지성 아빠   네, 차로도 많이 뚫고 갔습니다.

면담자   시위 때 보면, 그런 것들을 비교적 원활하게 하시더라구요(웃음). 그래서 많은 사람들이 '지성 아빠는 저런 걸 어떻게 저렇게 원활하게 하시지?' 하면서 지성 아빠의 모습을 봤을 거예요. 격렬한 시위 장소에서의 촬영과 방송이 지성 아빠 본인은 어떠셨습니까?

지성 아빠   진짜 위험한 순간들 많이, 언론에 나가지도 않았지만, 진짜 위험한 순간들이 많이 있었거든요, 진짜. 죽는다 하는 걸 느낄 정도까지의 그런 경험도 해봤으니까, '죽겠구나' 하는 것까지도 이제 겪어봤으니까.

면담자   예를 드신다면?

지성 아빠   제가 현역을 못 가고 방위를 간 이유가 제가 알레르기가 있습니다. 특히나 옻나무가 있고 이러면 제가 아주 먼 거리에서도 몸이 가렵고 두드러기가 나서 굉장히 피부가 두 얼굴의 사나이처럼 그런 특이한 체질이라, 그래서 이제 단기 병을 갔는데, 더군다나 약품에 굉장히 약하죠. '내가 이러다가 죽겠다' 할 때는 그 캡사이신을 맞았을 때. 광화문 북측 찻길 너머에서, 그리고 부모님들은 반대편 쪽에 있는 상황에서 대안언론들이 경찰, 우리 흔히 얘기하는 닭장차라 그러죠, 경찰 그런 차 위에 지붕 위에 올라가 있는데, 처음에 물 뿌리기로 시작해 놓으니까, 버스 위에가 사실 아주 편편한, 중앙은 편편하지만 거의 약간은 유선[형]으로 돼 있는데, 엄청나게 미끄러웠는데, 차하고 차를 꽉 붙여놓으니까 그걸 건너뛰는데, 직각이 아니고 위에 맨 위에는 유선[형]으로, 차 유리로 서로 하다 보니까 거리가 꽤 됐어요. 근데 그걸 뛰어넘는 거는 충분히 하겠는데, 뛰어넘었을 때 디딤 발이 미끄러질 거 같은 거예요.

밤에 불빛은 비치는데 더 반들반들거리고, 그래서 그 차를 세 칸을 넘어가 가지고, 우리 대안언론들 뉴스타파, 팩트TV들밖에 없었으니까, 그 친구들하고 부모님들이 캡사이신 맞는 과정을 제가 다 촬영을 하는데, 처음에는 우리한테는 안 쐈어요, 카메라 기자들한테. 그러다가 그게 어느 순간에 돌아오는데 바로 밑에, 캡사이신, 바로 밑에 저희가 이제 촬영을 하고, 부모님[한테] 쏘다가 저희들한테 "찍지 말라"고 계속 경고 방송을 하더라고. 우리 계속 찍고 있는데, 바로 위에서 들이부어 버리더라구요. 와, 그런데 제가 이제 피부가 그런 상태인데 눈을 못 뜨고, 그래도 카메라는 들고 있어야 되고, 카메라가 꺼지는 소리가 들리더라고, 째깍 째깍 째깍 하면서 이제. 그건 뭐 할 수 없는 거니까, 밑에다 대놓고 "물을 좀 올려달라"고 씻어낼라고 소리를 치는데, 막 스피커 소리에 물 쏘는 소리에 밑에 사람들한테, 사람들이 안 들리는 거예요. 저는 어우 콱 죽고 싶은 거예요, 너무 고통스러워 가지고. 그래서 옆에 있는 분들이 옷 벗어서 캡사이신 묻은 옷이지만 닦아가면서, 어떡하든지 물 공수해 가지고…. 그리고 너무 급하니까 버스를 그냥, 그냥 달려버립니다, 넘어지든 말든. 그렇게 해가지고 이제 전경 애를 불러서 카메라를 좀 받아달라 그리고 제가 위에서 그냥 뛰어내려 버리죠. 그래서 그때 물 있는 데 가가지고 잡아가든 말든 상관없이 일단 빨리 물을 구해야 돼서, 그래 가지고 2시간을 거의 물만 붓고 있는 그런 과정[에서] 또 한 번은 '죽을 수도 있겠다' 하는 걸 [느꼈지요].

지금도 제일 미안한 게 우리 집사람하고 종로1가 농민 돌아가시게 된 그날이죠. 백남기 농민, 그날인데 제가 백남기 농민 캡사이신 물대포 맞는 거를 다 건너편에서 찍고, 그분이 백남기 씨인지는 그 당시에는 모르죠. 근데 저희들이 굉장히 뒤에 처져 있었습니다. 부모님들은 그 사거리를 광화문을 지나서 시민회관에 들어가 있는 상황이고, 시민회관에 저희가 세 번 정도 들어갔던 거 같은데, 그때 아마 시민회관이 두 번째인가 세 번째 마지막 들어갈 타임인데, 일단 우리 가족들은 건너가서 그 지하에도 있고 건너편에 가 있는 상황이고, 저는 이 싸움이 치열하더라구요, 우리 민주노총 금속노조 하는 게. 그래서 '아, 이 싸움은 좀 기록을 해둘 필요가 있겠다' 그래서 일부러 뒤로 빠져 있다가 마침 집사람이 있어서 집사람보고 운전을 맡기죠. 우리 집사람은 지금 좀 차를 끌고 다니지 그때만 해도 장롱면허였는데, 제가 집사람보고 막 뭐라 그럽니다, "운전해라. 그냥 악셀레이터[액셀러레이터]만 살살살, 브레이크만 발 올리고 가면 되니까".

쉽게 말하면 이제 저희 촛불지킴이 단체 부모님들이니까 그걸 뚫고 가는데, 앉아 계신 분들로 꽉 대로가 찼는데, 서서 계신 분들도 있고, 제가 이제 창문 열어놓고 소리를 치죠, "고맙습니다. 자리 조금만 비켜주십시오" 하고. 계속 카메라를 들고 목을 빼고 그러고 가고, 비켜주시기도 하고, 다들 '이게 뭐지?' 하면서 보고, 보면 뭐 '4·16TV' 써 있고 그러니까 그런 건 오히려 뚫는다기보다 그거는 수월하죠. 그리고 이제 바로 차벽 밑에까지, 집사람을 가라 그러니까 집사람 장롱면허인데 저는 알고 있었거든요. 충분히 할 수 있을 건데 제가 심한 말을, 집사람은 기억할지 모르겠는데 "당신, 지성이 엄마 맞아?" 이런…. 앞에서는 저희 가족들한테 해왔던 것, 그리고 시민들한테 너무 물대포, 캡사이신도 그렇지만 이 조그만 물총 같은 조준해서 쏘는 거를, 차벽 바로 밑에서 시민들 눈을 향해서 조준으로 쏘는 걸 저는 그걸 다 지켜보고 있는 거니까, 저거는 제가 볼 때 일종의 살인 행위와 마찬가지인 거 같더라구요, 물론 제가 피부가 안 좋은, 약에 대한 그런 것도 있지만 그거는. 그걸 보면서 못 한다고 그러니까 제가 막 위에서 지성이 엄마보고 "당신, 지성이 엄마 맞냐?"고, "당신이 이런 거 하나도 해결을 못 하고 어떻게 세월호 진실 규명하냐" 이 얘기거든요, 이제. 그랬더니 집사람이 앉아갖고 차를 밀고 가더라고.

그랬는데 차 위에 서가지고, 물은 쏟아지고 하니까 집사람은 차 안에다 넣어두고, 저는 제 승용차, 아, 그때 차가 바뀌었을 때군요. 제 승용차일 때도 그런 경우들이 있었고, 차가 바뀌어서 선루프가 열리니까 차 위에서 올라타는데 갑자기, 선루프 유리창이 굉장히 두꺼운 거거든요, 그냥 쩍 하고 깨지더라구요. 깨지는데 옆에 조금 붙은 데 보니까 대리석이 이렇게 삼각형, 마름모로 이만한 게 떨어져 있는 거예요. 앞에서 날아왔다 그러면 경찰이 던진 거고, 뒤에서 던졌다 그러면 경찰일 수도 있고 정보관일 수도 있고 우리 편일 수도 있고. 어쨌든 간에 저를, 그걸로 이슈를 만들기 위해서 그럴 수도 있었을 거고, 하여간에 저를 조준해서 던졌는데 다행히 안 맞고 차 선루프에 맞아서 깨져가지고 정말 식겁했죠. 아, 이게 지금도 그 생각하면 땀이 빠작빠작 나죠. 내가 만약에 그걸 직접 맞았더라면 죽었을 수도 있고 반병신이 돼 있을 수도 있고.

5

영상으로 남기는 기록들에 대한 소회

면담자   2015년에 세월호 선체 촬영에 대한 게 논란거리가 됩니다. 그 기억은 특별히 없으십니까?

지성 아빠   수중에, 어떻게 인양할려고 부력 테스트 할 때.

면담자   그 영상 자료를 편집하신 거로 기록에는 나와 있는데.

지성 아빠   아닙니다. 제가 진실호를 타고 거기서 며칠 밤을 샜지요, 인양을 하기 위한 준비, 선수를 들 때 그때 바로 세월호 옆에서 동수 아빠하고 해수부들하고 가가지고, 미수습자분들하고. 그래서 그걸 같이 지켜보고 제가 촬영을 하고 있었죠. 그리고 리프트 빔[인양 받침대] 넣을 때도 그 현장에 가 있었고.

면담자   지금 말씀하시는 거는 상하이샐비지에서 1차 선수 들기 할 때, 실패한 때를 말씀하시는 거죠?

지성 아빠   네, 실패를 했을 때도 있었구요, 그다음에 제대로 할 때도 있었고. 제가 없었을 때는 어떤 상황이냐면 JTBC에서 아마 세월호가 있는 그런 형태, 다른 매체도 어디 시도를 할라 그랬는데, 지금 현재 세월호가 맹골 때 어떤 상태로 있는가 촬영을 할 때 제가 비공식적으로 한 번 갔다가 허탕 치고 저희 가족들이 공식적으로 갔을 때 거기 들어가지 못했던 거 대신에, 언론사는 잠수부 동원해서 그 모습을, 있던 거를 [촬영하고], 제가 그 영상은 허락을 맡고 4·16TV에 올렸던…, 그러니까 망이 제대로 설치되어 있나 이런 과정을 제가 두들겨 패기 위해서 JTBC 영상을 빌려 쓴 적이 있었죠. 그거는 이제 선수 들기와 관계없이 세월호의 차광막, 더 이상 유실되지 않기 위한.

면담자   그리고 영상을 현장에 가서 찍는 거뿐만 아니고, 해외 영상이라든지 여러 가지 자료 영상들을 모으시고 하셨습니까? (지성 아빠: 네) 조금 구체적으로 예를 들어주시면 어떨까요?

지성 아빠   언론에 나왔던 거는 가급적이면 다 제가 긁어모아 놓습니다. 그게 진실이든 거짓이든 이런 거는 아예 무시해 버리고, 세월호에 관련된, 특히 외국에서 나온 그런 것들은 무조건 다 일단은 모아놓고, 검증은 차차. 그리고 국내에서도 2014년 3월 중순부터 집중적으로 한 7월 전까지 모든 기록들, 나온 기록들은 거의 다 온라인이든 오프라인이든 다 긁어놓는 걸 원칙으로 했는데, 그렇게 해왔었습니다. 지금도 하고 있는데 너무나 많은 그런 자료들이 지금은 없어서 아주 가슴을 칩니다, 가슴을 쳐.

면담자   지난 1차 구술 때 말씀하셨던 바이러스 때문에 아직 열어보지 못하는 그 스토리지 안에 들어가 있나 보죠? (지성 아빠 : 네) 복구 등이 굉장히 많이 고민되시겠어요.

지성 아빠   못 하는데. 제가 어느 정도 타이밍이 되면 컴퓨터를 버릴 셈으로 해야 됩니다. 그거는 어쩔 수 없습니다. 제가 나름 진실 규명으로 가는 길에서, 바이러스가 있다는 것들 그냥 생각을 하고, 대신 살아남아 있는 그 자료를 보기 위해서는 컴퓨터 한 대는 이제 버리는 걸로 각오를 하고 해야 [하지요], 많이 사라진 거를 제 눈으로 봐가지고.

면담자   조금 다른 종류의 얘깁니다만 '엄마랑 함께하장'같이 유가족들이 중심이 돼서 하는, 어찌 보면 기존에 있었던 유가족들의 투쟁과는 좀 다른 뉘앙스의 행사들도 카메라에 많이 담으셨죠? (지성 아빠 : 네) 1회 '엄마랑 함께하장' 할 때는 어떠셨습니까? 제가 촬영자라고 하면 (지성 아빠 : 네) 엄청 싸우다가 갑자기 춤추고 물건 사고 웃는 일들이 이해가 안 될 때도 있을 것 같아서, 이 장면의 변화에 대해서 말씀드리는 겁니다.

지성 아빠   제가 '엄마랑 함께하장'인지는 모르겠지만, 하여간 그 변화를 크게 느낀 적이 있었습니다. 전투할 때의 카메라와 그렇지 않은 평온한 카메라 이렇게 할 때 '이래도 되는 건가?' (웃으며) 너무 색다르고, '이래도 되는 건가?' [싶을 때가 있었지요]. 그리고 이제 저희 부모님들하고 그런 생각은 일치하죠. 내가 웃으면 '지금 웃어도

125
·
2회차

되는가?' 내가 이제 촬영하면서 같이 웃고 희희낙락한다고 하는 그런 이 상황이, 그러니까 위에서 보는 애들과 눈에서 보이는 세상 사람들과 이런 게 혼선을 빚는 거죠. 저는 바깥에서 느껴지는 시선보다는 항상 하늘에다가 시선을 놓았던 거 같습니다, 지금도 그렇고.

면담자   아버님이 현재 기억하시는 거보다 문화 행사나 이른바 평화로운 모습들을 많이 담으셨어요.

지성 아빠   제가 음악을 좋아해서. (면담자 : 네) 그래서 나중에 조금 시간이 되면 뮤직 영상 같은 거를 좀 하고 싶어서. 제가 음악을 개인적으로 좋아한다는 게, 너무 좋아하기 때문에, 음악도 했고 그래서. 부모님들 시적인, 처음에는 아마 제가 기억은 안 나지만 제 4·16TV는 서정적인 부분에 어머님들의 감정을 표현을 할려고 많이 갔을 겁니다. '웃고 있지만 제대로 웃지 못하는 엄마, 아빠들을, 꺼져가는 촛불 국민들이 좀 이걸 보십시오' 하는 그런 뉘앙스적인 부분이 거의 주류가 아니었을까.

6

다큐 영화 〈나쁜 나라〉

면담자   좀 다른 질문입니다만, 감독님이 들으시면 어떨까 싶긴 해도 제가 질문을 하겠습니다. 〈나쁜 나라〉(지성 아빠 : 네) 김진열 감독 팀이 아버님이 촬영하는 옆에서도 다큐 촬영들을 많이 했을 거예요, 그래서 다 얼굴도 익은 사람들인데. 그 사람들이 촬영한 영상 자료를 가지고 〈나쁜 나라〉라는 다큐가 상영이 되죠. 그거는 그 당시에 어떻게 평가를 하셨어요?

지성 아빠   저는 '참 좋았다. 너무 좋았다'. 다큐가 나오는데 전해 주는 게 너무 약한 거예요. 딱 "진실은 침몰하지 않는다" 그 영상 말고 나머지 부분들은 대체적으로 뭐가 조그맣게 나오든 무슨 행사를 하든 너무 약한 거예요. 근데 〈나쁜 나라〉는 전투하는 다큐라기보다는 조금 생활 속의 우리 부모님들 삶에 대한 그런 과정이 좀 나와서, 그래서 그거는 제가 봤을 때, 접했을 때 처음으로 〈나쁜 나라〉 영화는 참 그때 그 상황에서 괜찮았다….

그래서 이제 제가 이런 얘기하는 건 〈다이빙벨〉도 있었고 하는데, 그런 거 보면 뭐 '못 만들었다. 잘못 만들었다'가 아니고, 내 가슴 속에 뜨거움은 이만큼인데 저기서 표현되는 거는 한 10분의 1이 아니고 너무 모자라는 거야. 그래서 제가 〈다이빙벨〉 간담회 할 때도 이상호 기자 앞에서 바로 그 얘기를 합니다. "당신, 잘 못 담았다"라고 얘기를 합니다. 본인도 그 자리에서 바로 시인합니다, "아버님 제가 정말 10분의 1도 못 담았습니다". 그러니까 그 치열했던 거를, 감독도 보고 나도 같이 봤던 그거를 그 영상으로는 어떻게 표현할 수 있는 방법이 없는데, 내가 보는 관점은 저 사람은 그래도 전문가이니까 너무 적나라하지 못한 거야, 그 영상으로 보니까. 그래서 이제 계속 그런 얘기들을 많이 하고 그러는데, 〈나쁜 나라〉 같은 경우에는, 어떤 〈다이빙벨〉이나 〈진실은 침몰하지 않는다〉 이런 거는 약간 시사적인 부분이지만 〈나쁜 나라〉는 조금은 돌아서서 생활에 대한 흐름에 대한 그런 과정들이, 싸움에 대한 그런 과정들도 나오고 그래서 굉장히 좋았다[고 생각해요].

면담자   김진열 감독 들으면 엄청 좋아하겠네요.

지성 아빠   비공식인데, 2탄을 2년 전부터 같이 준비하고 있습니다.

면담자   왜 비공식이에요? 영화가 나오기 전에 발설해서는 안
된다?

지성 아빠   아, 이게 저희들 관련해서 준비하시는 감독들이 다 있
는데, 저는 이제 저희들 가까이 있으면 당연히 친하고, 미디어고 이
런데, 그분들은 그분들 나름 세계에서도 또 어떤 룰이 있더라구요.
그래서 제가 어떠한 작업을 하게 되면 다른 분이 저를 촬영하는 걸
제가 사양을 해야 되거든요. 저는 그 정도는 알고 있었기 때문에, 그
래서 다른 분들이 몇 분 계셨는데 "죄송합니다. 죄송합니다" 이렇게
해서, 이름 대면 아실 만한 분들도 있지만 그렇게 해오고 있는데….
이게 돈 때문에 못 나올지도 몰라요, 그래서 지금 여러 가지로 고민
도 하고 있고. 엊그저께 안 그래도 광화문에서 만나서 2시간 또 회
의를 하고, 배급사는 역시 '시네마달'이고.

면담자   배급사까지 나왔으면 상당히 진척이 된 얘기네요?

지성 아빠   원래 그렇게 같이 만나서 시작을 그렇게 했고, 촬영
도, 저는 전문가가 아니지만, 제가 김진열의 〈나쁜 나라〉 처음에 그
렇게 이야기했지만, 사실은 솔직하게 그 〈나쁜 나라〉 나오기 전에
저한테 미리 보고, 제가 두 번이나 가본 그걸 갔었거든요. 거기 가
가지고 제가 무지하게 혼을 냅니다. 제 성격 아시잖아요?(웃음) 그러

니까 가편집도 아니고 단락별로 된 아주 초안의 가본을, 단위별로 묶음이라 그러죠. 묶음별로 이렇게 해가지고 보는데 이게 아닌 거예요. 저는 굉장히 다혈질에 뜨거운 체질인데 감독님은 여성이시고 하나의 자기의 예술 안에서의 현실을, 다큐를 비추는 그런 과정인데, 제가 그런 거까지도 생각을 하면서 있는데 너무 아니야. 그래서 제가 거기서 무슨 조금 "나를 보라고 했으니까 내가 느낀 감정을 그대로 얘기를 해주는 게 감독님한테 도움이 되지 않겠냐?" 이렇게 양해를 구하고 솔직한 얘기를 거기다 했었습니다. 얼마만큼 변형은 이루어졌는지는 모르겠지만 그렇게 나왔던 영상.

면담자   뭐라고 하셨는지는 기억에 안 나시구요?

지성 아빠   제가 마음에 안 들어 했던, 내가 '이런 부분은 이렇게 갔으면' 감히 그런, 쉽게 말하면 작품에 관여를 해서는 안 되는데 그런 디테일한 부분까지도 제가 이야기를 좀.

7
단원고 교실 문제

면담자   굵직한 사건이랄까, 좀 다른 것도 여쭈면 단원고 교실 문제가 또 터졌는데 아버님은 그 점에 대해서는 유가족으로서 굉장히 강경한 입장을 갖고 계셨고, 그 상태에서 촬영을 계속하셨죠? (지성 아빠 : 네) 단원고 교실을 촬영하실 때는 좀 어떤 느낌이셨습니까?

지성 아빠   내가 돈이 있었으면, 지워지기 전에 2014년 4월 16일에 가장 가까운 날짜 안에 기록을 다 해놔야 하는데, 너무 안타까웠죠. 저는 그 칠판의 변화되는 과정도 가지고 있습니다.

면담자   영상으로 찍어서 갖고 계신다는 얘기시죠?

지성 아빠   네. 그래서 지금 있는 '칠판은 가짜다'는 아니지만 2014년도에 아이들이 남겨놓았던 그 칠판은 아닙니다. 그 아이들이 남겨놓았던 그 칠판은 저도 없습니다, 제가 촬영한 날짜가 좀 시간이 흘렀기 때문에. 지성이 기다리고 했던 그런 시간들까지, 그래서 어찌 됐든 간에 제가 처음 만났던 단원고등학교의 칠판도 정말 너무 안타깝더라구요. 그래서 제가 시민 기록이나 미디어 하시는 분들한테 한없이 많은 육두문자를 날렸습니다. 교수님은 혹시나 본 적이 [있는지] 모르겠지만, 제 옆에서 저와 함께하시는 분들한테 제가 상당히 심한 말을 많이 합니다, 그런 과정들에 대해서. 물론 분향소, 학교, 그래서 이제 그걸 나름대로 다 촬영을 다 해놨구요. 그러고 나서 이제 제 표현대로 칼을 빼 들 때가 되었습니다. 만약에 교수님이 이걸 안 했으면 제가 아마 지금 그 영상을 4·16TV에 나갔을 겁니다. 지금 너무 죽어서 '언젠가는 칼을 써야지', 그러니까 진실 규명에 대한 그 칼이 아니더라도 교실을 가지고도 충분히 어느 정도는 다시 한번 생각해 볼 수 있는 영상을 제가 가지고 있거든요.

그게 사참특위에 있는 양승태[양순필] 바른미래당 추천, 그 당시에는 경기도교육청 주무관하고 교육청에 있었습니다. 교실에 대한 프로젝트를 진행하는데 제가 그거를 낚아채지요. 주무관분이 여성분이신데 몸이 안 좋으셨는데, "예산이 얼마냐?" 그랬더니 "예산이

4000"이라고 그래서, 참 제가 그랬어요 "드럽게들 정말 못 한다" 그랬어요, 제가. 이 테이블이었던 거 같은데 밑에 앉아가지고, 제가 앉아서 그랬습니다. 모르시는 분들이지만, 4000만 원을 가지고, 들어가는 교실 정문서부터 운동장, 학교에 대한 모든 이런 전체적인, 교실까지 복도까지, 선생님들 이런 거까지를 다 표현을 해내는 하나의 일종의 아카이브죠. 근데 내가 봤을 때 이 4000만 원이라는 돈은 너무나 웃기는 돈이었어요. 부모님들한테는 4000만 원이 큰돈이라고 생각이 되겠지만 저는, 이렇게 촬영하는 과정이 한 번 할 때 제대로 남겨놔야 되는 상황인데, 섣불리 남겼는데, '그래도 안 하는 것보다 낫겠다' 싶어 가지고 가족들한테 동의를 얻어가지고 진행을 했지요.

그 진행을 했던 제일 큰 매력은 '다음'이라고 하는 데서 "연계를 할 수 있겠다" 하는 말을 그쪽에서 던졌기 때문에, 그래서 이제 우리가 뭐 네이버, 다음 하는 식으로…. 그래서 '그쪽이 소스를 좀 줘가지고 그러면 이거는 파장이 크겠다' 그래서 진행을 했는데, 그러고 나니 더더군다나 4000만 원 가지고 뭘 하겠냐[고요]. 용역을 진행했던 회사를 면면히 보니까 나름 그렇긴 하지만, 저희들하고는 맞지 않는, 일은 좀 여러 가지로 일을 했는데, 건물이라든지 이런 표현에 대한 부분들을 하신 거지 이런 학교의 아이들의 책상을 찍는 데하고는 조금 거리가 먼, 차라리 우리 미디어 하시는 분들한테 같이 머리를 맞대고, 돈 떠나서 "지금 이 캐파[capacity]는 이거다. 우리가 이걸 한번 제대로 남겨놓자" 하면 다 우리 전문가분들이 달려들었을 그런 상황인데. 교육청에서 진행해서 만들어놔 있는데, 제가 부모님들한테 샘플만 보여드렸지, 그리고 이제 말씀을 드려도 뭘 말했는지, 어저께도 [말한 것처럼] 마찬가지로 몰라요, 부모님들이.

그것도 싸움을 무지하게 했습니다. "저작권이 가족협의회다. 나한테 있습니다", 근데 경기도교육청에서 안 내놓는 거예요, 자기네들 거라고 그래서. "[그렇게] 하지 마. 같이 가자" [해도], 같이 가는 것도 양보를 안 하는 거예요. '당신네들이 이거를 해봐야 어디 신문지상이나 어디, 절대, 더군다나 온라인에서 어디든지 당신은 트는 순간에 죽어. 어떡할 거야?' [하는] 아주 이상한 생각을 가지고 계시더라구요. 저도 이제 내 거라는 게 아니고, 교실을 이렇게 하게 되면 그쪽에서 쓸 만한 부분이 있으면 우리한테 얘기하고, 우리도 쓸 만한 데 있으면 우리도 당신들한테 얘기하는 공동의 저작권이면 되는…, 기본이거든요. 근데 이게 아니고 경기도교육청이라고 하는, 이 생색에 대한 이 프라이드를 무지하게 가지고 있는 거예요. 그거를 언론에다 내고 싶어 하는 마음들이 있는 거야. 지금도 그 부분에 대해서 명확하게 '니 거다, 내 거다' 하는 거는 없어요.

근데 저는, 제가 이야기한 거를 기록으로 남겨놨습니다. '우리가 가족협의회가 갖는다' 그리고 부모님들한테라도 저는 "이걸 우리가 가지고 와야 됩니다"라고 회의석상에서 얘기했고, 그래서 다 완성이 된 게 저한테 있습니다. 지금 세월호가 너무 죽어서 그거를 풀어 낼려고 이제, 보통 분들은 일반 분들이나 보면 교실에 아이들 이름 불러주는 게 교실에서 울려 나오고 있죠. 사실은 그것보다는 더 강렬하고….

면담자   아까 그 당시에 우리가 양 사무관이라고 불렀던.

지성 아빠	지금 특조위에 있어요.
면담자	그러니까 이름이 틀린 거 같아서 제가 지금 확인을 계속.
지성 아빠	양순필.
면담자	양순필 맞습니다.
지성 아빠	맞아요?
면담자	아까 양순필이라고 얘기하셨어요?
지성 아빠	제가 다르게 얘기했나요? 그건 모르겠어요.

면담자   확인하기 위해서 말씀드렸구요. 양순필 사무관 등이 추진한 것이 말씀을 종합해 보면 출발은 3D 영상 촬영이었는데 진행하면서 일반 영상으로 바뀌었네요.

지성 아빠   조금 샘플을 가지고 만들었을 때는 3D가 돼 있었는데, 나중에 완성된 그런 부분은 좀 그렇지 못한…. 쉽게 말하면 정문에서 내가 화살표를 찍으면 내가 가고 싶은 방향, 교실, 교실에 복도를 들어가고, 복도에서 내가 가고 싶은 방향을 찍으면 1반도 갈 수 있고, 2반, 3반으로 가고 10반까지 쭉 들어가고 요런 이제 패턴이 된 건데, 고 부분이 지금 어딘가에는, 마지막 파일에는 없어요. 그래서 그거를 지금 교육청에서 가지고 있고 나머지 거만 나를 준 건지…, 이제 복도, 교무실, 아이들 1반부터 10반까지 교실 다 있는데 처음에 나한테 보여주었던 그 정문에서부터 가는, 아이들 찾아 들어가는 고 부분은 없더라구요.

면담자   교실 얘기를 한 김에 좀 끝까지 가면, 결국은 유가족들 동의 없이 교실을 철거한다는 소문을 듣고 유가족들이 단원고 1층에서 일주일 간 농성을 했었습니다. 그 과정도 다 촬영을 하셨죠?

지성 아빠   네, 거의 그거는 24시간을 다 촬영했습니다. 한 6일 동안인가 밤을 샜던 거 같은데.

면담자   교장선생님이나 나중에 이제 이재정 교육감 오죠. 그래서 설명 내지는 변명하는 과정들도 카메라에 담으셨을 텐데 그때 그들이 어떻게 앵글에 잡히던가요?

지성 아빠   제 기억이 맞는지 모르겠는데, 책상을 뺀다고 하는 문제는 아마 제가 그 뒤로 기억이 되거든요, 제 기억엔. 처음에 교실에 달려갔던 거는 애들 제적을 시키는 문제 때문에…. 그게 뒷일이고 교실이 먼저인지 모르겠는데 제가 제 기억에.

면담자   그거는 좀 정리를 하고 가야겠습니다. 유가족들하고 협의를 하기로 해놓고 이삿짐센터.

지성 아빠   차를 불렀거든요, 몰래.

면담자   이삿짐센터로 옮기는 용구 같은 것이 발견이 돼서 "합의 없이 아이들 책상 등을 뺀다"고 유가족들이 농성을 시작을 했죠.

지성 아빠   아, 맞습니다.

면담자   근데 농성을 하는 과정에서 누군가가 증명서를 떼어보니까 (지성 아빠 : 맞습니다) 제적으로 처리가 돼서 문제가 더 커졌던 거죠.

지성 아빠   그래서 제가 제일 처음에 이삿짐센터 차를 촬영을, 제일 처음에 차를 한 바퀴 돌아가지고 왔습니다.

면담자   거기 여러 가지 얘기가 있습니다만 특히 아버님의 카메라 안에 교장선생을 비롯한 선생들이 어떻게 비쳐졌는지, 그리고 이재정 교육감이 카메라 안에는 어떻게 담겼는지 그거를 좀 여쭙고 싶었던 겁니다.

지성 아빠   이슈가 이슈화되는, 언론이 움직이기 전까지, 아무리 부모님들이 그 누가 와서 어떻게 매달려도 꿈적거리지도 않는, 그들은 습관화되어 있는 그런 바윗돌. 감성이나 감정까지는 안 바라는데 일반적 국민들이 생각하는 상식까지도 계산을 안 한, 자기네의 어떤 정해진 공무원의 규칙의 안에서만 모든 거를 정리를 하는, 그리고 나서 언론에 나오기 시작하면, 그러니까 쉽게 말하면 거기에 관계된 특히 피해자 가족들은 지치고 지칠 대로 된 상태쯤이나, 원체 저희들이 매달리니까 언론이 붙어서 나가기 시작하니까, 그때 결과적으로는 이재정 교육감도 그때 와가지고 사과를 하죠. 처음에 사과를 안 하고 "오라" 그래도 안 왔었어요. 다 아시겠지만 나쁜 놈이에요, 그거. 이재정이는 그 사람은 교육감 하면 안 되는 사람이에요, 정치해야 되는 사람이지.

면담자   결국은 협약식으로 이어지지 않습니까. (지성 아빠 : 네) 종교 단체 원로들의 회의를 거쳐서 협약식을 하고, 교실은 현재 안산교육지원청으로 옮기는 것으로 일단 유가족들이 '합의'하는 것으로 귀결이 되는데, 그 과정들도 아버님은 촬영을 하셨는지요?

지성 아빠　　　그거는 그 전의 일입니다, 합의하는 과정은. 이거는 저도 장부[기록]를 봐야 되겠지만, 제 기억이 맞다고 보는데…. 왜 그러냐면 그 과정을 교실에 여덟 개 단체인가요? 서브해 주는 그런 단체까지, 4·16연대도 포함이 된, 물론 안산도 있고 교육기관도 있고 종교 단체도 있고. 그 과정에서 진행은 집행위원장이 진행을 했거든요. 그래서 제가 그 전이라고 기억을 하는 게, 그래서 학교 문제가 불거졌는데 그 학교를 그렇게 기억교실로, 이재정 교육감이 얘기하는 그 뭐죠? 사회 무슨 교실?

면담자　　　민주시민교육원.

지성 아빠　　　민주시민교육원. 네, 지금도 아마 추진되는 건데, 그게 나옴으로 인해가지고 사인이 들어간 상황에서 제가, 그때 그 사인 서약식이 화랑유원지 마당에서 테이블을 깔고 했을 겁니다. 그리고 저는 정문 쪽에서 그 사인을 막기 위한 일종의 시위를 했던 그런 부분이고. 그래서 얼마 안 있다가 교실로 달려갔는데, 정작 그 문제에 있어서 우리 시연이 어머니하고 집행위원장하고 독일 쪽에 간담회가 있어서 거기를 가서, 우리는 이쪽 학교 때문에 난리가 났는데 아무래도 시차도 있고 그러다 보니까 그 간담회 소식이 올라오고 이 상황을 지금 모르고 있는 거 같더라구요. 3일 [정도], 꽤나 몰랐어요, 3일에서 4일째 되는 날 "지금 안산이 상황이 그렇군요" 해가지고. [그 전에는] 간담회 소식이 안 올라오더라구요.

　　　제가 그래서 그걸 기억하는 거는 교실에 대한 부분은 가족협의회 집행위원장이 전권을 가지고, 물론 집행위원장이죠, 그렇게 정리를 했다, 그 과정에서 가족협의회 회원들하고의 소통의 문제는 존재했다, 그리고 문제가 생겨서 학교에 저희들이 갔을 때 제명에 대한 부분이 있어서 그때 어머님들이 "다시 무효화하자"고 해서 투표를 했는데, 우리가 "무효화하자"라고까지 결정을 내렸던 거. 물론 저는 영상을 다 가지고 있고 자료를 가지고 있어요. 그래서 제가 언론으로서 중간에 있어야 하는 그런 부분의 맥락들은 바로 이런 부분들이, 왜냐하면 기록이기 때문에. 누가 잘못해서 학교를 뺏겼다 이게 아니고, 또 이런 일에 대한 예비책도 되고, 바로 가기 위한, 정말로 이 학교에 대한 매뉴얼도 제대로 서야 되거든요. 우리가 안전에 대한 것도 있지만 학교, 다시 말하면 크게 넓혀서 저는 교육이라고 이야기하지만, 그렇게 거창하게까지 안 가더라도, 학교를 더 줄여서 그냥 교실에 대한 규정만이라도 제대로 가져가는 그런 모델이 있어야 되는데, 그러기 위해서는 정말 기록은 제대로 잘되어야 됩니다.

면담자   그 과정을 다 거친 다음에 결국은 교실을 안산교육지원청 자리로 옮기잖습니까? 그것도 물론 카메라에 담으셨겠네요?

지성 아빠   네. 에피소드인데, 혼자 2층, 3층을 커버가 안 되니까, 카메라 한 대를 제가 재욱이 어머니한텐가 "좀 찍어라" [했어요]. 저는 왜냐하면 교실이, 단원고가 2층하고 3층에 반씩 나눠져 있다 보니까. 밑에서는 난리가 나고, 부모님들, 그 당시에 재학생들, 저희는 이제 쉽게 말하면 어떻게 보면 졸업을 하지 못한 단원고에서 희생된 [아이들의] 부모님들과 새로 신입 들어오는 그 재학생들의 부모님들, 그리고 그 안에서 또 대표자가 되는 그런, 장기라고 제가 [이름을] 기억을 하는데. (면담자 : 학교운영위원장) 학교운영위원장. 그래서 저희 순범이 엄마가 바깥에서 조금 다치기도 하고, 카메라를 그 친구한테 뺏기는 상황이 벌어지죠. 저는 위에 있는데, 재욱이 엄마한테 제 카메라를 맡겼는데 그 친구가 낚아채서 갔는 모양이에요. 그래서 4·16TV가 뺏긴 적도 있고, 부모님들, 순범이 어머니 다쳐서 쓰러졌던 것, 그런 것들…. 그거는 바이러스가 지나간 다음에 아마 일이었던 거 같아서 그거는 아마 잘 가지고 있을 겁니다, 자료가(웃음).

8
말로 입은 상처

면담자　　2016년이 굉장히 답답한 한 해였죠. 15년까지 정말 열심히 싸우셨는데 16년에 특조위도 지지부진 상태였고, 물론 특조위 촬영도 그 시기에 계속하셨죠? (지성 아빠 : 네) 아버님 눈에는 되게 답답하셨을 텐데, 어쨌든 그런 과정을 거치다가 최순실 국정농단 사태를 2016년 말에 접하시게 되지 않습니까? 어떠셨습니까? JTBC에서 제일 먼저 태블릿PC를 갖고 문제 제기를 하던 그 시기에 아버님 시선에서는 어떤 게 좀 감지가 되셨습니까?

지성 아빠　　사실 별로 관심 없습니다, 거기[에 대해서]. 물론 다른 분들보다 훨씬 관심은 많지만, 저는 그 부분에 관심은 별로 없습니다. 저는 그때가 사실은 제가 '기회다', 저는 뭐냐 하면 박근혜가 조선호텔 36층에 있었느냐 청와대에서 잠을 잤느냐 하는 두 안을 가지고 저는 고민을 할 때였거든요. 실질적으로 언론에서도 그런 얘기가 수월찮게 나왔었습니다. 과연 조선호텔에 있었던 게 맞느냐 청와대에 있었던 게 맞느냐가 저한테는 굉장히 중요한 문제라서 저는 어떻하든지 '이 부분이 나올 수 있는 부분이 없을까', 최순실이는 최순실이고, 나는 이제 박근혜에 대한 부분을 어떻게 좀 이번 기회에 나오지 않을까 이런 기대감.

면담자 롯데호텔이지 않습니까?

지성 아빠 아, 롯데호텔. 네, 롯데호텔 36층. 네, 감사합니다. 잘 잡아주셨네요. 제가 뭐라 그랬어요?

면담자 조선호텔.

지성 아빠 조선호텔은 36층도 없는데.

면담자 그래서 그런 걸 주목하고 보고 계셨네요?

지성 아빠 네. 언제 세월호가, 이거는 세월호하고 연계돼 있기 때문에, '이 부분이 뭔가 굵직한 게 터져 나오지 않을까' 이러는데 결과적으로 제가 터져 나올 거를 기대했던 거는 기무사로 나중에 터져 나오는 그런 상황이 된 거죠. 저는 '롯데호텔이 나오지 않을까'라는 그런 생각[이었어요].

면담자 2016년의 그 답답한 상황을 거치다가 청계천에서부터 시위가 시작이 되고 그게 나중에 광화문 촛불집회로 이어지지 않습니까? 촛불집회의 초기 상황 같은 것들을 아버님은 가서 보셨습니까, 어땠습니까? 유가족들이 초기 촛불집회 때부터 다 나오셨나요?

지성 아빠   2차 때인가 아마 3차 때부터, 예. 저는 가기는 다 갔는데 광화문을 가지 않고, 그 광장에서 토요일마다 열리는 상황에 지방에서도 불이 붙었기 때문에, 올라오시지 못하는 분들, 지방에 촛불을 [카메라에 담으러] 또 가지요.

면담자   기억에 남으시는 게 있으시다면?

지성 아빠   광주입니다. 작정을 하고, 보니까 광주에서 "횃불을 들겠다"고 조그만 언론에 뜨더라구요. 그래서 집사람을 대동을 했는데, 그날 정말 망신도 망신도 뭐한 말로 개망신을 떱니다. 4·16TV가 쉽게 말하면, 크게 보면 광주 시민에게 쫓겨나는, 그런 4·16TV 역사상 초유의, 앞으로도 그런 일은 없을 거 같은데 그런 일이 벌어지죠. 저희 집사람은 혹시 그런 얘기 안 합디까?

면담자   저는 정말 처음 듣는 얘기인 데다가 아버님이 어떤 반전으로 얘기하실지가 궁금하네요. 이어서 말씀을 해주시죠.

지성 아빠   저희는 이제 말은 "촛불이 횃불 되어"라고 그러지만 광주에서는 이제 5·18문화광장에 분수대에서 정말로 그때 재현을 위해서 말 그대로 횃불을 다 하시는 그런 상황을 알고 제가 출발을 했는데, 저녁에 하는데 퇴근 시간에 맞닥뜨리니까, 시작하는 시간에 원래 1시간 정도는 기본으로 일찍 가는데, 좀 늦었어요. 금남로에 대부분의 광주 분들이 다 차 있는데 "좀 열어주십시오. 열어주십시오" 해서 올라가는데, 잘 올라갔습니다. 거의 다다랐는데, 술 냄새가 어떻게 나는지 진행하시는 진행 요원이죠. 이제 광주 그날 촛불을, 두 분이 계셨는데 제가 "옆쪽에, 가운데가 아니고 옆쪽으로 도로 쪽으로 좀 붙어서라도 어떻게 가야 갈 거 같습니다. 우리 광주의 촛불을 좀 찍어가야 될 거" 제가 얘기 안 해도 차에 다 써 있잖아요, 누군지, 집사람도 노란 옷 입고 있는데.

근데 무전기를 들고 있는 진행 요원이 두 분이 있었는데, 옆에 왔는데 제가 술이 취할 정도로, 제가 취할 정도로, 이분이 첫마디가, 저희 집사람하고 있는데 "여기 차를 계속 끌고 올라가시면 세월호 유가족들을 불쌍하게 여기시지 않습니다" 첫마디가 이렇게 얘기를 하는 거예요. 그래서 저희 집사람 얼굴을 바라봤죠. "세월호 유가족을 불쌍하게 여기지 않는다"고 하는 게, 그리고 그 땅은 광주야. 잘못 들었는가 싶었어요. 집사람 얼굴 보고…, 집사람도 뻘쭘하지요. 그래서 "아니, 본부석 쪽에 기별을 넣어달라. 제가 늦어가지고 말씀을 못 드렸다. 연락을 좀, 연락만 해다오. 본부 측에다가" 그랬더니만 술이 취해가지고, 그래 갖고 이제 한 사람은 "야, 빨리 올라가게 해드려" 같이 술을 드셨는데, 한 사람은 "아버님, 자꾸 그러시면 4·16 세월호 유가족들 불쌍하게 생각 안 해요" [하고] 둘이 옥신각신 얘기가 하는 건데, 그사이에 저와 집사람이 있는데, 아, 이게 너무한 거예요.

우리 세월호 유가족들이 언제 불쌍하게 생각해 달라고 한 분은, 한 분도 안 계셨고…. 지금도 그렇잖아요. 광주 도로에서 그 소리 들으니까…. 그리고 딱 났는데 그 사람들이 돌아서니까 집사람이 저를 팔을 확 잡아채더라구요. 저희 집사람은, 아시는지 모르겠지만 참 착한 사람[이라고] 써 있는 사람입니다, 교회밖에 가정밖에 몰랐던 사람이고. 그날 처음으로…, 아, 그때 정말 너무 제가 초라해지고 제가 쪽팔리고 그래서 그냥…. 이 일은, 저는 돌아다니면서 숱한 얘기를 들었기 때문에 웬만하게 적응이 돼 있는데, 광주에서 집사람이 있는 데서 그 얘기를 들으니까 이게 뒷감당이 안 되더라구요.

그래 가지고 올라오긴 하는데, 집사람은 "맨날 이런 소리 들으면서 이런 거 하고 있었어?" 그러면서, 그동안에 쌓였던 게 나오던 거죠. "맨날 날밤 새고, 좋은 소리 하는 사람도 아닌데, 돈이 나와 뭐가 나와? 자식새끼 다 내팽개치고 잘한다". 이제 나오는 멘트가 나오는 거죠. 그러면서 다 당신은 다 못 하는 걸 내가 알고 있지, 우리 집사람이. 그래서 제가 그거를 면하기 위해서는 집사람 편에 서서 같이 욕하는 게 빠르겠더라구요. 그래서 같이 욕을 하고 "여보, 당신 차 안이나 보도블록에서 좀 쉬어" 그리고 저는 카메라 들고 한참을 비집고 올라가 가지고 분수대까지 결국 올라갑니다. 횃불 들고 광주, 우리 민주 광주, 우리 시민분들 대차게 하시는 거 찍어서 내려와서 집사람하고 안산으로 오지요. 서럽게 눈물이 흐르더라고, 집사람이 눈치챘는지 모르겠지만.

그래서 우리 유가족들도 많은 사람들이 있고 여러 가지 형태로 보이는데, 그분이, 우리가 흔히 알고 있는 광주 분이 그렇게 하는 상황은 아니겠죠, 물론 술이 문제였을 건데. 제가 구미나 영덕, 대구, 제 고향 쪽 가서 그런 얘기 기본으로 듣거든요, 제가. 근데 광주에서 그런 상황이 돼버리니까 아주 충격이 이만저만이 아니었습니다. 그래도 그걸 해서 또 만들어서, 근데 그런 거 보면 또 힘이 납니다. 아시다시피 우리 광주 분들이 3년 상주도 해주고, 지금도 "팽목까지 또 지켜주신다"고 엊그저께 기자회견도 하고 그러니까…. 집사람도 전라북도 김제[가 고향이]라 나보다도 어떻게 보면 더 알고 있는데도, 그 순간만큼은 그냥 무너져 버리더라고.

면담자   다른 경험도 또 있으셔요?

지성 아빠   욕은, 심한 욕을 많이 들었는데, 가슴에 계속 짓누르고 있는 거는, 부모님들이 지역에 가서 서명을 받고 간담회를 하고 하는 거는 우리들만의 리그 안에서 많은, 그리고 젊은이들이 이왕이면 모이는 거리에서 서명을 받아서, 제가 그 이야기를 또 직접 들었거든요. 이제 어떤 부모님, 대표님한테, 반 대표한테 우리는 가면 이렇게 많이 해주고 이렇게 서명해 주는데, 왜 안 해준다고, 자기는 "이해를 못 한다"고…. 그럴 때에 제가 광주에서 들었던 그 얘기의 충격만큼은 아니지만, 지금도 또한 충격을 많이 받고 있거든요. 그 반이 대구라는 지역이, 저희들이 한 반씩 지역을 갖고 있기 때문에, 저는 지방을 가면 항상 한 블록 넘어갑니다. 아파트가 있으면 아파트 주민 단지에 제 차에는 항상 간이 서명대 책상, 서명지, 피켓, 리본이 기본으로 항상 장착[구비]이 돼 있기 때문에, 서명을 받기 위해서 정말 이분들이 어떻게 생각하시는가는 골목에 들어가야 되거든요, 특히 시장 같은 데, 아파트 단지의 놀이터.

저는 건널목에다 쫙 피면, 대구나 구미 쪽에 제가 여러 번 폈는데, 열 분이면 열 분이 다 욕하고 갑니다. 우리 간담회 가고 부모님들하고 서명받는 데서는 젊은이들하고 뒤섞여 가지고 생각이 그나마 있는 사람들하고, 분위기가 으쌰으쌰하는 분위기에 뭐가 뭔지도 모르게 서명도 하는 사람들도 있고, 알고 서명해 주는 것도 있고,

리본을 타기 위해서 서명하시는 분들도 상당수가 있지요, 배지가 귀하니까, 일반 광화문에서 만드는 리본보다. 그러면 흔히 이야기하는 우리 가족들이 체험하고 있는 이런 과정에서, 저는 '지금 95프로 이상이 세월호가 어디에 있는지 모른다'라는 것을 저는 확신을 합니다. 통계적으로 나한테 얘기하라 그러면 저는 설명을 할 수 있을 거 같아요. 근데 우리 부모님들은 "한 50[프로] 정도는 알지 않을까?"라고 얘기해요, 반반. 기분은 더 많이 알고 있을 거라는 건데 생각해서 50프로야. 저는 95프로가 지금 세월호가 어디에 올라와 있는지 모른다는 거에, 95프로에 제 목숨까지는 못 걸더래도 한라봉 하나 정도는 충분히 걸지요. 모르십니다, 그만큼.

그리고 제가 그분들 지나가면서 하는 걸 기록을 다 남겨놨어요. 그분들이 모르게 제가 카메라를 켜고, 하도 욕들을 해대니까 '도대체 뭔 욕을 어떻게 어디까지 하는가 보자' 하는 그런 일종의 오기감으로도 제가. 열 분 지나가는데 열 분 다 욕을 하는데 그거는 기본이에요. 어떻게 하고 지나가느냐. "쯔쯔쯔쯔" 제가 테이블에 앉아서 리본 꺼내놓고 서명지 내놓고 할 때 "쯔쯔" [하면서] 세상에 가장 불쌍한 놈으로 나를 보는 거야. 쉽게 말하면 옛날 우리 어렸을 때 거지들이, 우리가 흔히 거지라고 표현을 했었는데, 어려운 상황에서 그분들 깡통 놓고 동냥 받는다고 그랬죠. 구걸의 형태인데, 저를 딱 더도 말고 덜도 말고 그 취급을 하는 거예요. 내가 깡통 놓고 동전 구걸하는 딱 그렇게 취급하는 거예요, 더 이상도 아니고 더 이하도 아닌.

저는 거기서 계속 훈련받죠. '그래, 거지면 어뗘리. 내가 오늘 니들한테, 세월호가 여기까지 와 있다는 이 자체만으로도 나는 충분히'

그러면서 계속 하늘하고…. 말이 좋아서 내가 이렇게 얘기하지, (한숨 쉬며) 따지고 보면 나하고 나이 몇 살도 안 차이 나는 사람들도 있고 내 밑에 사람도 있고…. 그렇게 보면 온갖 수모죠. 그리고 온 전국을 돌면서 그렇게 하고 여기 오면 임원들이 바뀌고 반 대표가 바뀌면, 한 번씩 지방 갔다 오면은 "어디 갔더니 욕 들어먹었다"고 회의 중간에 찔찔찔 짜세요. 좀 뭐한 말로, 같잖지도 않습니다. 제대로 분노할 줄 알고 하는 그런 과정들이 있어야 되는데 그런 거를 제대로 경험을 해보지 못하고, 그 지나가는 말, 상처 안에, 반에 같이 몰려가 가지고 하는데, "니들 애들 팔아먹고 했지?" 그 소리에 물론 충격은 받지요. 근데 욕도 제대로 욕다운 욕을 들어먹으면요 정신 바짝 납니다. 기본적인 예로 대구를 들어가면은 "너 박근혜 죽일려고 왔지?"가 첫 번째로 시작되는 말이 그겁니다. "너 박근혜 죽일려고 왔지?"로 시작이 됩니다, 기본이, 최하가.

면담자   결국은 서울에서 100만이 넘는 인파가 촛불시위에 모이고 유가족들이 최전선에 서서 지속적인 싸움을 하고, 그다음에 청운동으로 행진하는 그 모든 광경에 노란 옷의 세월호 유가족들이 최전선에 서 있었어요. 그런 과정들도 상당 부분 카메라로 담으셨는지요?

지성 아빠   (침묵) 뭐라 그러셨죠? 죄송합니다, 제가.

면담자   마음에 많이 남으시니까 당연히 그러실 수 있다고 생각합니다.

지성 아빠   저도 욕을 하는 사람이지만, 제 입으로 욕을 못 할 욕인 건데, 청바지 입고 지나갔던 조금 40대로 보이는 젊은, 그나마 젊은 그 양반이, 내가 그걸 한 대 쥐패고 오지 못한 게 자꾸 떠올라 가지고(웃음).

면담자　　　기억이 거기까지 가신 거군요. 뭐라고 했길래 그렇게까지?

지성 아빠　　　이게 지금 어떻게 담을 일도 아니고 담아서도 안 되고…. 저보다 나이가 어릴 수도 있지만, 어린 친군데 "야, 이 개새끼야. 좆 발렸다고 시발놈아, 세월호 가지고 여기까지 왔냐. 십새끼야" 이렇게 하는데 욕이, 아주 강한 욕들이 메들리로 쭉 하면서, 지 할 것만 다 하고 가버린 거야(웃음). 근데 어구, 내가….

면담자　　　아버님은 혼자 계셨을 때가 많을 거 아니에요? 지금 이야기는. (지성 아빠 : 네) 그러니 더 힘드시죠.

지성 아빠　　　네.

면담자　　　어려운 얘기는 그 정도로 하겠습니다. (지성 아빠 : 네) 제가 질문하려고 했던 것은 이제 100만에 달하는 인파들이 모이기 시작하고, 그다음에 행진 등을 통해서 청와대, 안국동 등을 에워싸기도 하는 과정에서 유가족들이 항상 선두에 서 있었어요, 노란 파카를 입고, 아주 추울 때니까. 그 광경들을 다 영상으로 담으셨겠네요?

지성 아빠　　　네(한숨).

면담자　　　아버님이 카메라에 2016년 말 박근혜 탄핵 촛불의 상황을 영상에 담으면서 2015년 상황들이 상당히 많이 오버랩 됐을 거 같은 느낌이 들어서 여쭙습니다.

지성 아빠   거기서도 많이 했고.

면담자   말하자면 이기는 싸움을 하는 모습을 담고 계셨던 거거든요.

지성 아빠   예. (오래 침묵)

면담자   아버님, 지금 역시 그 욕이 머리에서 떠나지 않는 상황이시네요. 잠시 휴식하겠습니다.

지성 아빠   네.

(잠시 중지)

9

박근혜 탄핵이 국회에서 가결되었을 때의 기쁨

면담자   박근혜 탄핵 촛불시위가, 2015년에 그 어려운 싸움을 했던 같은 장소에서 이뤄졌거든요. 그래서 그런 것들이 오버랩 되면서, 카메라를 들고 계신 아버님께는 다양한 감회가 있었지 않을까 싶은데요.

지성 아빠   그 길을 수십 번 올라가면서 중간에 날밤을 샜던 그 청운동 정화조 위에 그런 과정들, 비니루를 첫날 쳤을 때 비가 왔던 그런 과정들, 그리고 밤에 또 엄마들이 많이 울었던 그런 생각들, 그 다음에 또 김제동 씨가 와가지고 그나마 우리 부모님들을 위로했던 그런 것들이 수없이 스치는데, 아주 잠깐의, 뭐 행복이라고 표현을 하면 좀 그런데, 잠깐의 희망? 그 순간이 있었고…. 좀 번외로 말씀을 드리면 어느 순간에 기뻤냐고 하면 사실은 탄핵되는 그 순간이 아니고, 그때는 사실 저는 무지하게 화를 냈습니다. 저는 그 현장에 없었거든요. 제가 지방인가 어디를 갔다가 밤을 새서 그대로 운전을 해가지고 광화문을 들어가는데 길이 막혀가지고, 탄핵이 발표되는 헌법재판소 그 이정미 재판관인가요? 할 때 세월호 광장에 접근을 해 있어서, 그 올라가는 길이 한참 걸리잖아요.

거기서 계속 들으면서 가는데 세월호는 안 되더라고. 그게 걱정이 돼서 '어, 이거 우리 다시 불을 밝혀야 되는데 우리 부모님들이 착각해 가지고 함성 지르고 이걸 좋게 받아들이면 어떡하지?' 하는 걱정이 무지하게 앞섰습니다. '세월호는 안 되는 건데, 저는 들었는데 우리 부모님들이 이걸 구별을 해낼까?' 왜냐하면 탄핵이 되는 거니까. 그랬는데 그리고 이제 걸어가니까 소식을, 라디오를 못 듣고 여기 가는데, 예은이 아빠가 한 게 사람들이 그 얘기를 하더라구요. 그래서 '아, 정말 천만다행이다', 세월호가 빠졌다는 거 [사람들이 알아서]. 저는 그래서 거기서 밤을 새야 된다고 생각을 했는데, 그 길로 해서 그냥 또 내려오시더라고요. 그래서 제가 지방 갔다가 거의 아마 이틀 밤을 새고 거길 쫓아갔던, 탄핵되는 시점.

면담자   그래서 박근혜 탄핵 촛불시위 때 아버님이 기쁨을 느꼈던 순간은 어떤 순간이셨어요?

지성 아빠   탄핵되는 게 아니고 국회에서 탄핵이 가결될 때, 헌법

재판소에서 결정 나는 날이 아니고 국회에서 가결이 될 때, 그때는 정말 차, 늘 촬영하면 차 위에 자주 올라가니까, 국회 앞에 차를 경찰차 앞에다 대면은 딱지가 안 끊기거든요. 그래서 항상 경찰차가 있는 데다 일부러, 남들은 피하는데 저는 일부러 갖다 대놓고, 촬영을 하다가 너무 복받쳐 올라서, 카메라를 들고 차 위에서 그냥 앉아서 울었던 기억이 납니다. 그때가 조금 감격스러웠습니다, 나한테는. 왜냐하면 거기를 못 넘어가면 아무것도 안 되는 상황이니까, 거기를 넘어갔을 때의 그 기쁨은 정말….

그리고 또 그날 초장에 우리 농민들께서 트랙터를 두 대를 끌고 국회 앞에 오시는 과정인데, 국회에 내가 안에 들어가는 게 나을 건가 바깥이 나을 건가, 안에는 아무래도 카메라가 제재되는, 한정[되는 상황일 거고], 촬영이야 하겠지만…. 그래서 호성이 아버님한테 캠코더를 몰래 부탁을 드리고 나는 바깥에, 국회 바깥에 있고…. 나중에 업로드된 거는 국회 안과 바깥이 같이 되어 있지만, 그래서 [호성아빠는] 안의 상황, 저는 바깥의 상황인데, 안에 부모님들도 좋아하시는 모습이, 막 펄쩍펄쩍 뛰시더라고, 이렇게 나오셔 가지고. 저희는 바깥에 시민들하고 있으니까 저희는 서로 부둥켜안고…. 그때는 대안언론들하고도 같이, 촬영하는 거를 잊어먹고 (웃으며) 그냥 부둥켜안고 했던 그런 그 순간이 저에게는 어떻게 보면 좀….

면담자　　　3개월 정도 지나면 5주기인데, 5주기까지의 긴 시간을 겪으시면서 어찌 보면 아버님이 가장 기뻤던 순간이셨지 않을까 싶은 생각이 드네요.

지성 아빠   저는 그날이 제일.

면담자   또 다른 기쁨은 없으셨어요, 카메라 들고?

지성 아빠   거의 분노한 것만…. 아까도 얘기가 거기서 그렇게 했지만, 지금 그 육두문자가 지금도 저를 계속 채찍[질]도 했다가 그 말이 맞는 거 같은 생각이 들 때가 많은 거예요. "병신 육갑하고 있네" 기본으로 이렇게 지나갔거든요. 여기 혼자 있다가, 작업하다가 이렇게 보면 그때 그 새끼가 나한테 한 말이 맞는 거 같기도 한 거예요. 제 모습을 돌아보면 '내가 지금 병신 육갑을 떨고 있는 거 아닌가' 그런 생각이 들 때가 있어요.

10
오세아니아 해외 간담회 참석

면담자   같은 시기에 마로니에 촛불에서 마임 하시는 분이 세월호를 어렵게 어렵게 들어 올리시다가 쑥 들어 올리시는 그 광경처럼 어느 날 갑자기 세월호가 쑥 올라와 버렸죠. 아마 아버님은 그 광경을 촬영하기 위해서 진도에 가시지 않았을까 싶은데 그때는 어떻게 하셨습니까?

지성 아빠   제가 예상해 왔던, 방송을 하다 보니까 항상 앞쪽으로 생각을 해야 되니까, 제가 이제까지 예상해 왔던 거에서 유일하게 틀렸던 게 그 부분입니다, 세월호 인양 날짜. 저희들 예상하는 건 항상 안 좋은 쪽이었으니까 거의 100프로가 맞았는데, 제가 틀린 게 오세아니아주 간담회가 잡혀 있었는데, 이 얘기는 나중에 실어도 되고 안 실어도 상관이 없는데, 가족들 간의 미투라고 봐야 되겠죠. 그런 일들이 해외에 나가면서 또 지방 간담회 이렇게 돌아다니면서 이런 상황들이 많이 불거졌었어요, 내부적으로. 그래서 이제 호주 갈 때는 "엄마 한 분, 아빠 한 분이 가게 되면 아빠-아빠 가든지 엄마-엄마 가든지, 남자-여자가 가게 되면 부부가 가는 걸로 하자" 그렇게 돼서 제가 저희 집사람하고 가는 걸로 결정이 됐죠, 우리 가족협의회에서.

그래서 저는 날짜, 물때 이런 거를 항상 다 가지고 왔죠, 손 놓은 지 얼마 안 되었는데. 그래서 보니까, 날짜가 세월호 인양돼서 끌고 온 날짜가 하여간에 제가 예상한 날짜가 15일 빨리 인양이 됐어요. 그러니까 호주, 뉴질랜드, 오세아니아주 간담회가 11일 일정이었는데 그걸 갔다 와가지고 가장 빨리 인양을 해도 물때하고 이런 거를 봤을 때 한 10일 정도 뒤에 [인양될 거라고] 그 날짜를 아주 정밀하게 제가 분석을 했거든요. 그런데 가기 3일 전쯤에 "세월호 인양을 해보겠다" 하는 게 발표가 되는데. 그쪽에서 연락이 왔을 때도 제가 한 가지 미리 말씀을 드려놨었거든요. "배가 인양이 될지 모르는데 이 간담회 날짜에서 배가 인양이 되면 제가 갈 수가 없습니다", 알다시피 제가 하는 일도 이런 일이라고, 그래서 이런 부분이 있으면 미리 그쪽에다 벌써 양해를 구해놨어요, 혹시나 모를 일에 대비해서.

근데 이제 날짜를 한번 계산을 해보니까 안 맞는, 관계가 없는 거 같애서, 그래서 약속을 다 해놓고 하는데, 처음에는 "못 간다"고 말씀을 드리려고 그랬는데, 한번 제가 살짝 알아봤죠. 어떻게 준비를 하셨는지를 알아봤더니 십시일반으로, 비행기 삯이 어마어마하더라구요, 직행으로 가는데도 10시간이니까. 그분들은 한국으로 올려면 좀 싸게 올려고 완행으로 갈아타고 갈아타고, 비행기를 그렇게 다니시는 분들인데, 세월호 유가족 온다고 이렇게 모아 모아서, 해외에서 얼마나 고국이 그립겠어요. 그렇게 정말 넓은 호주 땅에서 많은 분들이 조금씩 조금씩 보태서 준비를 다 해놓고 숙소까지 다 해놓고 했는데 도저히 어떻게 빵구[펑크]를 낼 수 [있는] 상황이 아니더라구요. 그래서 이제 처음에는 못 간다고 말씀을 드릴려다가 그런 사정, 과정을 알게 돼서 갔죠.

　그래서 저는 인양, 배 들어오는 과정을 못 지켜봤습니다. 배를 밑에서 끄집어 올리고, 그리고 배를 바지선에 올리는 거 까지는, 그리고 기름유출 되는 거 까지는 제가 동거차도에서 한 열흘인가요? 밤을 새면서 주야로 언론들하고 같이 다 지켜보고, 다 촬영하고 하루에 두 번씩, 오전에 한 번 오후에 한 번. 그리고 촬영하는 배 접근을 못 하게 하는데 걔네들하고 또 싸움까지 해가면서, 우리 배도 전쟁했었어요. 우리 진실호하고 해경 배들하고, 해경 고무보트가 상당히 빠르거든요. 저희도 모터를 두 개 달아놨기 때문에 속도가 웬만한 배에서 안 밀리는데, 단정이나 함들보다는 작으니까 당연히 빠르지만 해경 고무보트는 우리보다 조금 빠르더라고. 서로 바다 달리면서 우리 예진 아버지가 같이 경쟁도 하고, 그건 목숨을 당연히 건 "이판사판 해보자. 우리는 이거 찍어야 되겠다" 그거를 하는데, 예진이 아버님은 그런 걸 알기 때문에 같이 싸우는 그런 폼새를 이제 하는데, 이제 다른 총대를 멘 부모님, 아버님은 그걸 모르시는 그런 과정들이 또 나중에 목포에서 연출이 되지요. 그래서 제가 또 중간에 올라오기도 하는 그런 말 못 할 사연들이 많이 있습니다, 사실인데 비하인드.

면담자　　인양되는 그 순간을 4·16TV가 못 담았다는 거는 참 아쉽기는 하네요. 근데 또 한편으로는 처음 아니신가요, 부부가 해외 간담회에 간 것이?

지성 아빠　　엄마, 아빠들이 간담회 간 거는, 외국에 [간 거는] 있는데, 부부가 간 거는 [처음이었죠].

면담자　　뉴질랜드와 호주에서도 경험도 짧게 언급을 해주시면 좋을 거 같습니다.

지성 아빠　　저 보고 어디 가서 살겠냐 그러면 "남은 인생은 반은 뉴질랜드, 반은 호주에 가서 살고 싶습니다" (웃으며) 이렇게 표현하는.

면담자　　거기 가시면서도 카메라 들고 가셨어요?

지성 아빠　　당연하죠, 분신을 놓고 가면 어떡해. 거기서도 라이브로 소식을 가족들한테 전합니다. 거기서도 또 연출 아닌 연출을 합니다. 가족들 걱정을 해야 되니까, 부모님들 고생하는 걸, 상황을, 제가 이미 배가 인양된 거까지는 보고 다 들어갔으니까, 끌고 목포항으로 오는 그 과정을 못 찍는데, 그래서 이제 눈물 나죠. 그래서 제가 간담회 하는 그 우리 해외동포 분들한테 부탁을 하지요. 한 삼백몇 명이 모인, 그런 학교 강당에 "저희 부모님들 배 올라오니까 (울먹이며) 많이 힘드실 거다. 힘 좀 실어달라, 가지 마시고" 제가 앞에 단상에서 이야기를 하고 그분들이 좌석인데 "좀 앞으로 자리를 바꾸자" 그래서 제가 촬영을 거기서 해서 "부모님들 힘내시라"고 하는 걸 "좀 크게 해달라"고 해서 (울먹이며) 유튜브로, 부모님들 보셨는지 안 보셨는지 모르겠지만. 가는 곳마다 저녁에 간담회가 열리면 항상 꼭 그걸 했습니다, 부모님들 힘내시라고 하는.

11
목포 신항으로 온 세월호 촬영

면담자   목포 신항에 세월호가 옆으로 눕혀진 상태로 거치가 돼서, 아버님 이제 한국 돌아오셔서 가지고 목포 신항 촬영을 또 시작을 하시지 않습니까. 그때는 어떠셨습니까? 나중에 또 직립을 시키잖아요.

지성 아빠   4·16TV는 하는 역할이 이미 정해져 있었습니다. 제가 또 가족협의회한테 이야기를 하고, 가족협의회가 저한테 부탁을 했고, 그렇게 했는데 결국은 가족협의회가 저를 배신한 거죠. 그런 과정이 있습니다.

면담자   기록 촬영 쪽 얘길 하시는 거죠?

지성 아빠   말씀드려요?

면담자   필요하면 나중에 비공개 처리를 하겠습니다.

지성 아빠   아니, 공개해도 됩니다.

면담자   어쨌든 제가 앞에 여쭐려고 한 것은 누워 있는 세월호가 카메라앵글을 통해서 아버님에게 어떤 감정으로 들어왔는지 하나 여쭙고 싶었고, 그다음 질문이 증거로서의 세월호를 카메라에 어떻게 담고 싶었는지, 이런 얘기를 여쭙고 싶었는데 후자에 대한 얘기가 먼저 나온 거예요.

지성 아빠   감정에 대한 부분은 제가 나중에, 그리고 지금까지, 지금 감정을 느끼는 거구요. 그 당시에는 감정이 어땠냐고 물으면 그 당시에 감정은 저는 없었습니다, 그리고 그런 감정이 들어올까 봐 철저하게 배제를 했고. 간담회 오세아니아주 돌고 와서 하루, 여기서 바로 내려갈 준비를 해서 가야 되기 때문에, 준비를 해서 집사람 놔두고, 집사람은 상황을 아니까, 그 상황에 모든 걸 프리로 열어줘 가지고 그냥 그대로 쫓아갔는데. 가기 전에 숱하게 이제 겪어봤으니까 부모님들이 기록이 얼마나 중요하다는 걸 알고, 그래서 제가 "기록 팀을 꾸려야 된다"라고 이야기를 해서 다 동의를 해주셨어요. "기록 팀이 주야로 계속 지켜봐야, 주야로 촬영을 하는 게 아니고 주야로 지켜보는 지방에서의 생활이니까, 한 팀이 하루 고생을 하면 그다음 팀이 들어가는 교대는 돼야 우리가 견뎌낸다" 하는 그런 게 아주 디테일하게 제가 기획을 짜서 사람을 수배를 합니다.

다 해서 그 안을 올렸는데 경비가 많이 들지요. 이제 저희도 어느 정도 시간이 흘렀고, 무작정 기록하시는 우리 미디어위원회 분들 전부 다 개개인적으로 작품 활동을 하시는 전문가들이신데, 그분들에 대한 담뱃값 정도는 처리는 해야 되기 때문에, 그래서 그런 거를 사전에 다 조율을 해서 "하시겠다"고 하시는 분 만나게 되는데, 그 당시 미디어위원회 총괄을 하고 계시던 분은 연분홍치마 김일란 감독이 용산 거를 마무리하기 위해서 떠나고, 고 박종필 감독이 미디어위원회에 총책임자로 4·16미디어위원회에 와 있었고, 저 만나서 또 인사도 하고 그런 과정에서 광화문에서 그 팀을 제가 짜지요.

그래서 '가서 세월호를 어떻게 찍는가'까지 제가 디테일하게 한 사람 한 사람한테 다 설명을 해줍니다. "이번 프로젝트는 작품을 찍는 건 아니고, 작품을 나중에 만들 때 자료에 대한 부분은 당연히 걱정을 하지 마시고, 이게 누구 거다 내 거다가 아니고, 저는 기본으로 카메라를 드는 사람이기 때문에 당신들 것입니다"라고 얘기를 하고 싶은데 가족협의회하고 조율을 할 때는 "공동 작품이 맞는 거다", 그래서 이제 고생하는 걸 제가 아니까, 그 부분은 "작품은 생각을 하지 마라, 이 프로젝트는. 그러면 여기서 아예 들어오지 마라", 기록으로만 남기고, 그 기록으로 남겼던 자료를 가지고 나중에 활용하는 거는 각자의 선택이니까. 그래서 나름대로 작전을 다 짭니다.

얼마만큼 디테일하게 작전을 짜냐 그러면 "내가 안에 들어가면 해수부가 찍고 못 찍고 하는 분명히 간섭이 들어가는데, 나는 의도적으로 해수부하고 싸운다. 그러면은 여기 있는 사람들이 누군가가 내가 같이 들어갈 건데, 아버님이 열받아 가지고 싸워가지고 내 편든다고 해가지고 같이 싸우면 그거는 자격이 없다. 내가 걔를 일부러 끌고 시선 처리를 따로 빼돌리는데 그 타이밍에 내가 너희들보고 찍으라고 하는 거다". 그때는 말을 제가 열었어요. 친해지기도 하고 다 연배도 나보다 밑이고 굉장히 아주 서로가 다 아는 상황이기 때문에, 미팅할 때 말을 풀[full]로 열어. "그때가 찬스다"고, "내가 왜 얘네하고 싸우는가를 생각을 해보면서 그때는 다른 데를 꼭 찍어야 한다. 애네는 분명히 못 찍게 할 거니까", 그런 디테일한 것까지도 작전까지 짜놓고 하는데….

그러고 나서 제가 간담회 가기 직전에 그걸 꾸려서 가족협의회한테 이야길 했더니 난감해하는 상황이 나왔어요. 그래, 그러면 금전적이나 이런 부분이 아니고 안에 들어가고 촬영하는 이런 부분이…. 나는 "처음에 올라왔을 때 무조건 찍어봐야 된다"는 그거는 버리면 필요가 없는 거거든요. 그랬더니 중간에 말들이 나오길래 "그러면 나는 이 프로젝트에서 손을 뗀다. 나는 내 개인, 그냥 아버지로서 내 할 것은 내 마음대로 하는 게 낫다. 말릴 수 있으면 누구든지 나 말려봐라", 저는 분명히 기록을 남겨놔야 되기 때문에. 그렇게 하니까 그다음 주에 전부 다 저한테 부탁을 했어요, "다시 한번 짜서 다시 해달라"고.

그래서 그걸 확대운영위에서 확답을 받고 간담회를 갔다가 돌아왔는데, 바로 목포에 가니까 통제를 받는 거예요. 가족협의회라고 제가 말씀을 드리겠습니다, 그게 아닌데. 제가 그때 참 하고 싶은 말이 있었습니다. 같은 아버지인데 너무나 처신이 미약해서 흔한 말로 '정말 아직도 아마추어. 아버지 맞아?' 이런 이야기를, 더 심하게 속으로는 막 '아주 대가리에 피도 안 마른 게 돌아가는 상황을 전혀 모르는구나' 이런 느낌이죠. 통제를 한다고 못 들어가게 하면, 가족협의회에서 못 들어가는 건 못 들어가는 거지만, 기록자라고 하는 거는 그 순간에 기록을 못 하면 훗날의 기록은 꽝이거든요. 세월호를 제대로 물속에 있을 때 지켜보지 못하고, 올라왔을 때의 그 물속에 있었던 최대한의 원형 그거를 샅샅이 기록을 못 내놓는다면, 나중에 증거가 인멸되는 상황인 거죠.

근데 가보니까 정말 제가 가족협의회가 너무 불쌍해 보이더라구. 미수습자한테 끌려서, 해수부하고 짜고 치는 미수습자하고의 그 상황에서 유가족이 돼가지고 세월호가 올라온 그날은 다 찍었지만, 그다음 날부터 다 통제가 돼가지고 못 들어가고 있는 거예요. 제가 갔더니 꼴이, 그 짝 나 있더라고요. 제가 볼 때 너무 한심했습니다. 야, 그래도 청와대 문을 두들겨보겠다고 싸웠던 부모들이, 아니 그 거 그냥 철조망에 철문 있는 거를 그 앞에서 꼼짝 못 한다는 게 나로서는 도저히 이해가 안 가는 거예요. 저도 가족협의회 회원이다 보니까 진행하시는 부모님이 하루하루 지나가면서 한 사람씩 "문을 엽시다"라고 얘기를 하는데, 저는 같잖지도 않았습니다.

그리고 결국에는 제가 3일인가 지나가 가지고 답답해서 제가 그 안을 그냥 파고들어 갑니다. 미디어위원들은 못 들어가고, 나는 가족이니까, 저는 제 방식대로 들어가고, 그래서 조금 찍어놓고…. 근데 이제 거기 들어가 있으면서 미수습자 눈치를 봐야 되구요, 우리 유가족들 눈치를 봐야 되구요. 모든 사람, 해수부 그 안에 있는 거, 그리고 그 신항만 관리하는, 목포 신항만 사람들 전부 다 내가 눈치를 봐야 되는 상황이 되는 거죠. 〈비공개〉

근데 시간도 많이 흘렀을뿐더러 더군다나 세월호는 어떻게 보면 이 모든 과정의 증거의 1번인 증거 물품을 놓치는 거는 저로서는 도저히 이해가 안 가는 거죠. '학교 문제보다 이거는 더 심각한 상황이 올 수 있다'는 판단을 한 거죠. 그래서 거기서 그럭저럭 찍고 하는데,

계속 가족협의회 진두지휘하는 데하고 저하고는 맞지를 않는 거예요. 제가 맞아야 제가 데리고 간 꾸려놓은 식구들을 포진을 시켜서 제대로 기록을 담는데, 내 활동을 잡혀 있는데 내가 이 친구들을 어떻게 할 수가 없는 상황. 그래서 며칠 밤 새고 촬영을 하고 하는 과정에서 이렇게 해가지고는 기록을 하나마나겠더라고요. 그래서 제가 한 열흘인가 있다가 짐 싸들고 와버립니다.

제가 없으니까 미디어 기록단들이 움직이는 상황이, 다른 부모님들이 저처럼 하면 되는 줄 알았는데 해보니까 안 되지요, 그게. 또 저한테 전화가 와서 또 내려갑니다. 또 내려갔더니 하루만 지나고 나니까 또 상황이 똑같은 상황으로 가는 거예요. 그래서 제가 고 박종필 감독한테 이야기를 하지요. 종필이한테 미안한 이야기를 합니다. 그때까지 아픈 줄을 몰랐어요, 박 감독이. 짐을 박종필 감독한테 다 지어놓고 저는 안산으로 완전히 보따리를 싸서 올라오는데, 좀 이따가 박 감독이 입원을 해서 상당히 위험한 거를 알게 되지요. 그래서 제가 박 감독에 대한 죄스러운 마음을 이제 뭐 죽을 때까지 갖고 가야 되는 상황이죠.

박 감독이 마지막 담배도 제가 같이 피웠고, 마지막 목소리도 담았고, 그래서 박 감독 1주기, 2주기 앞으로도 계속 가겠지요. 많이 용서를 지성이한테, 지성이한테는 대놓고 용서를, 동거차도에서 한 번 속으로 이렇게 하고 싶은 말을 많이 하고 결과 보고하고 이렇게 했지만, 용서를 구한 거는 제가 박 감독한테 용서를 지금도 많이 구하고 있는데, 지성이한테는 용서를 구하기보다는 이제 보고하는 형태. 그런 과정을 거쳐서 이제 목포 촬영도 하고, 그다음에 이제 세월

159
•

호 세우기 위한 테스트하고 하는 과정을 또 풀로, 직립하는 과정도 풀로, 또 선체조사위와 현대삼호중공업이 움직이는 상황, 결과가 잘 이루어질 건가 그런 거 체킹. 수없는 반복이 목포하고 안산하고 제가. 〈비공개〉

저희도 첫 번째는 남아 계신 분을 찾는 게 저희가 첫 번째고, 그 다음에 증거자료로써 어떤 그런 거 하는 게, 이제까지 저희들이 광화문이나 그때까지의 모든 기조였고 그날까지도 방침이 변함이 없는데, 해수부가 그런 기조를 계속 중간중간에 미수습자들하고 오는 과정을 손바닥 보듯이 바라보는 상황에서, 이제 뒤져볼 만큼도 뒤져볼 수도 있고, 일단 물속에서 건져 나왔는데 그거를 또 "자른다"고 하는 과정에 있어서, 그러면 밑도 끝도 없이 자르면 안 되는 거죠. 기록이라도 좀 제대로 남겨놓고 자르자 하든지 이런 걸 해야 되는데, 해수부는 그냥 "자르자"고 하는 데다가 거기까지는 빨리 가려고 하는 게 너무 눈에 보이는 거예요. 자르더래도 천천히 잘라도 관계는 없는 거거든요. 〈비공개〉

면담자   뒷부분 이야기는, 아버님 증언을 듣는 사람들이 좀 이해하기가 어려울 수 있어서 (지성 아빠 : 상당히 어렵죠) 말씀을 드리려고 하는 것인데, 그러니까 미수습자를 찾는 것하고 상세하게 영상을 찍는 것하고 상관관계가 없잖아요?

지성 아빠   전혀 없는 거죠.

면담자   진두지휘하시는 유가족이 결국은 미수습자에 대한 고려 등을 포함해서 통제를 했을 텐데, 그럼에도 불구하고 왜 상관관계가 없는 것을 통제할 수밖에 없는 상황이 만들어지는지, 아버님이 설명 가능한 수준에서 설명을 해주시면 어떨까요?

지성 아빠　　아마 듣는 입장에서는 누구든지 100이면 100 아니라고 할 겁니다. 저도 군이 그렇게까지는 아닌데, 흐름상 상당한 영웅심리가 많이 작용이 됐던 상황입니다, 오랜 세월 바깥에 있었고, 그런 과정에 또 미디어에 대한 그런 매일같이 노출되는 과정에서. 핵심의 포인트는, 말을 하면 귀로 듣는데 바깥에 눈이 보이는 상황들은 큰일이 벌어져 있는, 언론들도 항상 눈에 아른거리는 그 상황에, 그거를 우리가 표현을 하면, 듣는 사람은 굉장히 거북하겠지만 냉정하게 바라보는 내 입장에서는, 영웅심리가 젖어 있어 그 상황이 가더라구요. 그래서 제가 그런 걸 느끼고 짐을 싸는 게 되는 거죠. 이게 내가 이야길, 둘이 조용히 앉아서 제가 못 하는 술이지만, 술 한 잔을 하면서도, '내가 얘기해서 이 사람을 다시 제대로 움직일 수 있겠는가' 생각을 했을 때는 안 되겠더라구요.

면담자　　하여튼 심신이 되게 안 좋은 상황이었기 때문에 여러 가지 생각해 볼 필요가 있지 않겠나 싶구요. 그래도 어쨌든 불편했지만 나중에 찍으셨으니까(웃음). 조금 이어서 직립의 과정을 촬영을 하셨잖아요. (지성 아빠 : 네) 그거는 어떠셨는지요?

지성 아빠　　테스트를 먼저 한 번 했고 그다음 날 본격적으로 하는데, 사실은 저는 거의 100프로 직립이 될 거다 [예상했습니다]. 왜냐하면 부모님들이 아시는, 공적으로 흘러나온, 현대중공업 옆에서 얘기하는 것과 제가 별도로 기술진들을 찾아가서 만나 뵈는 그런 과정들이 있어서, 이렇게 했을 때에 안 됐을 때까지의 조치가 다 이루어졌었어요. 그렇기 때문에 '이거는 하다못해 그냥이라도, 싸 말아가지고라도 배를 이 사람들은 세울 거다' 하는 그런 준비가 돼 있었어요, 말도 그렇게 했고 준비도 실질적으로 그렇게 돼 있었기 때문에. 단지 염려스러운 거는 찌그러지고 하는 부분, 그런 부분은 좀 불가항력적인…. 우리가 그렇다고 그 큰 배를 다 고무나 헝겊으로 물렁물렁한 스펀지로 싸서 할 수는 없는 일이다 보니까, 최악의 경우 그 정도까지는 생각을 했었는데 너무 좋았고, 참, 세워질 때도 참, 기가 막히죠, 기가 막혀.

면담자　　　기가 막히다고 하시는 건?

지성 아빠　　오랜 시간 동안, 올라와 가지고도 리프트 빔에 닿아 있어서, 세월호를 세웠을 때 그 녹슨 리프트 빔이 노란색인 데다가, 그 노란색하고 녹슨 그게 계단처럼 층계처럼 이렇게 되어 있는 게, 저는 그게 애들 교실 복도 계단, 올라가는 계단처럼 이렇게 보이더라고요.

12
선체조사위원회에 대한 생각

면담자　　　직립하기 전입니다만, 선체조사위가 선체 조사를 하고 있었잖아요. 거기서도 여러 가지 상황을 영상이나 사진 기록을 남겼을 텐데 그거에 대해서는 좀 얘기를 들으신 바가 있습니까?

지성 아빠   선조위는, 이제 특조위를 지금 2기라고 얘기하는데 저는 3기로 보는 거죠. 그게 훨씬 더 사실적인 겁니다. 법적으로는 지금 2기 특조위지만, 제가 이야기하는 건 더 정말로 사실적인 특조위 1기, 2기가 선체조사위, 지금 3기가 저는 3기로 보는 거죠. 특조위도 그랬지만 선조위도 이 당 추천 저 당 추천하는 그 자체가, 전문가 집단을 만드는 데도 국회의 이 당 저 당이 추천을 해서 전문가를 만들어서 했던 그 선조위가 결과적으로 어떤 일이 벌어지냐 그러면, 선조위 1소위원장을 쫓아내는 청문회까지 또 벌어집니다. 이 선체조사 청문회를 해야 되는데, 세월호를 어떻게 조사를 했는지 선조위가 청문회를 해야 되는데, 선조위의 가장 핵심적인 진상조사위 소위원장을 쫓아내는 청문회를 세 번이나 열려요. 근데 이 사람들이 얼마나 겁대가리 없는가 하면, 저희 가족들도 달려가고 4·16TV가 그걸 라이브로 중계를 합니다. 중계를 사실은 하고 싶지 않았어요, 그거는 진짜로. 진짜 뻔뻔한 사람들이에요.

그렇게 해서 마지막 3차는 안 하고 서로 이제 뭐 감정이 있는 상태에서 "원원으로 간다"[고] 발표는 그렇게 마무리된 그런 일인데, 아주 참 꼴 같지 않은 그런 일이 벌어지죠. 결과적으로는 결론은 아시다시피 내인설과 외인설…. 그 여파가 지금 사참특위, 가습기 세월호 특별조사위원회까지도 영향을 미쳐서 1월 20일 날 중요한 조사1과장이 벌써 그만뒀어요. 그 친구는 내인설에 중점을 뒀던 친구입니다. 아직까지도 그런 여파가 계속 진행되어 오는 상황인 거죠. 그래서 제가 이렇게 질문을 하면, 이게 보통 다른 분들하고 이렇게 하시면, 세월호가 올라올 때 참 기분이 묘하고 그동안에 궁금하기도 했는데, 아이들이 저 배에서 아우성치는 수학여행 때 놀러 갔던 이런 건데…. 거기서 저는 그 부분을 가지고 갈 수가 없는 상황이에요.

면담자　　　다시 선조위 얘기로 한 번만 더 돌아오면 될 거 같은데, 보고서에도 일부 실려 있고, 어쨌든 사진 등을 많이 찍었단 말이죠. 촬영자의 감각에서 봤을 때 선조위가 조사한 사진·영상 자료에 대해 어떻게 생각하셨는지요? 질이 높다든지 낮다든지, 왜 이런 걸 찍었냐든지 이런 대목이죠.

지성 아빠　　　세월호 기록에 대한 사진? (면담자 : 선체 사진) 네, 그거는 외형적인 사진이 주로. 이제 아마 질문하시는 거 같은데….

면담자　　　보고서에 실린 것들이요.

지성 아빠　　　선체조사위 보고서에 실린? (면담자 : 네) 아, 사진은 못마땅하죠, 그런 부분들은.

면담자　　　못마땅하다 하시는 이유는?

지성 아빠　　　이게 내용이 사실이고 아니고 이런 걸 떠나가지고, 그거를 전문가로서의 만드는 그런 과정의 흐름은 인정을 하는데, 그거보다 어떻게 보면은 전문가 아닌 우리가 일반인들이 더 답답해야 될 만한 책인데, 반 정도를 탔어요. 일반 보통 관심이 많은 사람들도 보는데, 뭔 얘긴지 잘 모르고, 전문가들이 봤을 때는 조금 전문가적인 게 좀 떨어지는 그런 책의 내용과 사진…. 이렇게 된 부분이라 아주 전문가적인, 말도 영어로 다, 배에 보면 아주 그걸로 해서 아주 난해한 전문으로 가든가 아니면 좀 적어도 고등학생들 정도만 돼도 편하게 볼 수 있는 명쾌한 정리를 가지고, 흩어져 있지만 그 나름대로의 기록을 볼 수 있게끔 하든가, 좀 이렇게 돼야 되는데, 안 보자니 그렇고, 보자니 그렇고 그런 책이 돼버린 거 같애요. 내용도 결과도 그렇게 돼버린 거 같고….

제가 이제 결과에 너무 생각이 많이 있어서 그럴지도 모르겠지만 하여간에 보면, 책 보면, 책도 앞뒤로 치고받고 해놨거든요. 저는 그걸 가지고 싸움이 크게 일어났으면 좋겠는데, 그리고 우리 가족들도 그걸 가지고 싸웠으면 좋겠는데, 지금 또 그 문제로 우리 일반 국민들이 핵심을 찌르고 있는데도 우리 가족협의회는 실질적으로 페이스북에 답글을 다는 사람이 한 사람도 없습니다. 그 사람은 가족협의회에 의해서 매장됐어요. 그런데 저는 그 사람이 글씨를[글을] 올리면 댓글은 안 달지만 '좋아요' 누릅니다. 그 사람은 저보다 더 선조위에 열심히 나왔고, 지금도 사참특위 회의에 나오고. 그리고 4·16연대의 움직임을 그대로 같이 부닥치고 증거를 가지고 정밀하게 이야기를 합니다. 4·16연대도 대응을 못 하고 가족협의회도 대응을 못 해요.

저는 그 내용을 보면 틀린 내용이 없어요. 단지 선조위나 특조위나 회의를 할 때 회의가 방해가 되는 일이 거의 매번 일어났었어요. 그런 부분에 대해서 회의를 못 하게 될 정도의 방해에 대한 부분인 것으로 인해서, 그 사람이 이야기하는 선조위가 밝혀냈던, 선조위가 얘기했던 그런 내용들…. 저는 그 문제가 더 우리 가족들 입에서 나와야 될 소리가 한 여성이 지금 혼자 그렇게 떠들어가고 있더라고.

면담자　　　　페이스북에 오픈되어 있는 내용이니까 실명을 말씀하서도 될 것 같습니다.

지성 아빠   신혜원이라고…. 그래서 우리 진상분과장하고 많이 좀 부닥치는 데서, 지켜보다가 우리 집행위원장이 결정적으로 쉽게 말하면 "함부로 까불지 마시오"라고 날렸죠.

면담자   또 제가 이름이 가물가물한데, 박영대 씨도 진상 규명 활동에 열심히 하셨죠?

지성 아빠   예, 지금 특조위에 와 있어요.

13
문재인 대통령에 대한 평가

면담자   좀 다른 얘긴데요. 그 시점에 문재인 대통령이 당선이 되세요.

지성 아빠   예, 우리 아저씨예요(웃음).

면담자   선거 때는 종씨가 대통령 되셨으니까 (웃으며) 더 좋으셨어요?

지성 아빠   네, 문재인 대통령 찍었습니다.

면담자   문재인 대통령의 당선이 아버님께는 어떤 느낌이었을까가 참 궁금합니다.

지성 아빠   저뿐만 아니고 우리 가족들이 쉽게 말하면 간접적인 선거운동을, 그러니까 선거운동을 한 건 아닌데 간접적인 선거운동의 역할의 현상이 일어났다, 이렇게 정리하는 게 기록적으로는 맞을 겁니다. 저는 제 스타일대로 이야기를 한다 그러면 '우리는 간접적인 선거운동원이었다'라는 표현이 맞습니다. 다들 문재인 대통령이 되길 바라고, 저희들 아는 주변의 모든 분들도 함께, 저희들도 철저하리만큼 이번엔 바꿔야 된다고 하는 그런 관점에, 문재인 대통령이 대통령 된다고 하는 거에 대해서는 의심의 여지가 없었죠. 모든 사회적인 분위기도 그랬고, 그 일등공신이 아까 말씀하신 순실이 아주 머니가 아주, 얼마나 감사하고, 참 대한민국을 변화시킨 일등공신이죠. 때로는 찬양을 해야 됩니다, 그런 사람들을.

면담자　　　대통령 취임 후 현재 시점까지, 유가족으로서 또는 4·16TV를 통해 4·16과 관련된 여러 가지 일들을 담아가시는 방송인으로서 문재인 대통령이 어떻게 비춰지세요?

지성 아빠　　　사실 좀 많이 만났죠. 같이 밤도 샜고, 인터뷰도 아마 한 세 번 정도 직접. 이렇게 마주 앉아서도 했고, 이렇게 앉아서도 인터뷰도 하고 했습니다. '한 사람이 나라를 말아먹을 수는 있어도 한 사람이 나라를 세울 수는 없다', 예상을, 누구든지 그런 생각을 다 하지만 피해당사자인 나로서는 좀 우유부단을 좀 넘어서서 안하무인의 길을 가지 않고 있느냐, 지금 이 시점에서는. 물론 어려운 점도, 우리가 상상하지 못하는 그런 국가적인 운영이 있겠지만, 제 생각에는 굳이 방송인으로 이야길 해보라 그러면, 참 이거는 내가 다른 거보다 잘할 수 있습니다. 국가가 이렇게 한 사람의 정치인이 지금 열흘 동안 목포의 그런 투기로 얼룩져 버린 그런 일을 온 대한민국의 언론이 지금 열흘 동안 전력을 다해서, 투기든 아니든 그걸 떠나가지고, 정말 총력을 다 해서 언론들이 지금 그 상황을 현실로 이렇게 지켜보는 이 현실만을 딱 놓고만 보더라도 대한민국이 어디에 와 있느냐 하는 거를 우리가 적나라하게 보는 거거든요.

그리고 이 눈으로 보는 건데, 저는 이 눈으로 보는 거를 피부에다가 좀 느껴야 되는데, 우리가 피부로 느끼질 못해가지고 이 지경에 왔다는 거죠. 광주도 피부로 느껴야 되는 겁니다. 그분들과 함께 찬 바람을 맞아보고 밤을 새워보고 그랬었더라면 하는데, 안일했던 그런 부분들…. 결과적으로 방송인처럼 이야기를 한다 그러면 적폐에 대한 청산을, 국가의 발전도 하고 경제도 가져가야 되고 포용도 해야 되고 하는 과정에서, 이 모든 것들이 적폐를, [그 청산을] 제대로 이루어내지 않아서 나오는 결과물인데도 불구하고, 그거를 나는 온몸으로 느끼고 있는데, 자꾸 "일자리가 없다. 경제가 없다" 여기에 대항하는 프레임을 가지고 도전하는 [거로 느껴집니다]. 그리고 청와대의 약간의 일탈을 가지고 물고 늘어지는 그 흐름에, 다시 이거를 포용과 발전을 그 위에서 쌓아두기에는 대한민국의 적폐 청산이 너무나 엄청난 건데, 저는 처음에 출발했던 그 적폐 청산의 약속, 세월호에 대한 약속, 저는 아주 쉽게 보거든요. 제대로 된 적폐 청산을 못 해서 이렇게 밀리는 거거든요. 이럴수록 더 제대로 적폐 청산을 하면 경제도 좋아지고요, 죽는 일도 없어지고요.

압축해서 말씀드리면 털어내고 가야 할 일이 있는 거죠. 그냥 용서해 주고 유야무야해 주고 갈 일도 있지만, 국가적으로 보면 그런 일이 더 많을 겁니다. 그런데 반드시 털어내고, 안 털어내면 발전이 안 되는 일들이 있거든요. 그래서 저는 광주 이야기를 합니다. 만약에 세월호 진상 규명보다 광주 문제를 먼저 하자고 그러면 저는 적극적으로 100프로 찬성입니다. 왜냐하면 먼저 겪었던 일들이고, 그리고 세월호보다는 지금까지 나온 결과물도 확실하기 때문에, 그래서 그거를 정리를 하고 세월호 문제, 가습기 문제를 제대로만 털어내고 가야 할 문제거든요, 이거는.

꼭 나쁜 놈을 골라내서 벌을 주자는 게 아니고, 이 벌을, 나쁜 짓을 하면 벌을 받는다고 하는 최소한의 민주주의의 윤리의 틀을 분명하게 보여주지 않으면 계속 비리가 일어나는 과정일 수밖에 없는 거죠. 이거는 용서를 해주고, 우리가 이해를 하고 넘어갈 부분이 아닌 경우라는 거죠. 이거는 반드시 광주의 문제와 세월호의 문제는 털어내고 가야 할 문제다. 그래서 이걸 안 털리면 어떤 정권이 와도 이거는 끝까지 이 문제로 인해서 나머지의 대다수의 국민들이 피로감을 느낄 수밖에 없는, 명확한 아주 그냥 답이 딱 보이는 그런 상황인데…. 저는 그래서 우리 문재인 대통령이 "제대로 좀 털어라. 욕을 먹더라도 털어야 제대로 된 대통령이다", 바로 노무현 대통령이 한 말씀이 절실합니다.

대한민국에 가장 많은 돈을 쓴 국방예산비, "자주국방의 틀을 만들지 못한 대한민국의 역대 국방부장관, 참모총장들은 도대체 뭐했노?"라고 노무현 대통령이 말씀하시거든요. 대한민국이 가지고 있는 역량에서 가장 많은 돈을, 세금을 쏟아부은 국방비 예산[이] 수십 년이 내려오는데, 미국에만 의존해 가지고, 그러면 그 예산을 [갖고]

"대한민국 국방부장관들은 뭐 했냐?"고 질타를 하시거든요. 이게 엄청난 욕먹는 말씀이거든요. 그 군 장성들 대대로 제대한 사람들 모임도 있고 현역 군인들이 다 있는데, 쉽게 말하면 '니네 군인들 뭐 했냐?' 이거 아닙니까. 그분이 욕먹는 걸 몰라서 그런 이야기를 하셨겠냐 이거죠. 제가 만약에 청와대에 있는 문재인 대통령이라면 "그렇게 많이 죽고, 그렇게 많이 일반 백성을 간첩까지 몰아놨던 지난 정권을 제대로 털지 않고 니네들이 경제를 이야기할 수 있냐?"라고 경제인들이든 정치인이든 노무현 대통령처럼 그 얘기를 해야 되는 거거든요. 그래서 욕을 먹더라도 해야 되는 거죠. 그래서 털어내야 되는 상황인 거죠.

14
사회적참사특별조사위원회에 대한 생각

면담자   마지막 질문일 거 같습니다만 사참특위의 조사가 문재인 정권이 들어선 이후임에도 불구하고 아마도 아버님의 그 카메라앵글 속에는 그렇게 흡족하거나 안심되는 것으로 담기진 않는 거 같아요. 그래서 "이제는 4·16TV가 유가족들의 투쟁을 담아내고, 유가족들의 마음속을 담아내는 것도 중요하지만 카메라 자체가 진상을 규명해 내는 역할을 수행할 필요가 있다" 이런 말씀을 하시는 걸로 제가 알고 있습니다. 그 지점에 대한 아버님의 생각을 조금 상세하게 소개를 해주셨으면 합니다.

　　사회적참사특별조사위원회는 솔직하게 [말해서] 잘 안 굴러갈 겁니다. 무슨 이야기냐면, 진실 규명하기는 많이 더 힘들어져 있고, 힘들어질 것입니다. 왜냐라고 물으신다면, 적폐들이 실질적으로 진행을 해왔던, 적폐들의 관리자 포함해서 중간관리자, 말단들은 빼고라도, 현존해 있는 상황에서, 진실이 하나라도 어떠한 불법행위가 하나라도 발견되면 본인들이 밥줄을 내려놔야 하는 상황에서, 그런 사람들이 특별조사위에 조사관에 파견까지 되어 있는 이런 상황에서, 진실 규명이 되기란 제가 봤을 때 감나무를 쳐다보는 게 아니고 하늘 쳐다보고 꿀단지 떨어지[기를 기다리]는 상황밖에 안 되는 것이죠. 그래서 '굉장히 어둡다'[고 봅니다].

　　그럼에도 불구하고 4·16TV가 안에 카메라를 유지를 해야 되는 그런 포맷은, 사람은 '누가 나를 지켜보고 있다'고 하는 데서 긴장감이 발생이 되고, 그 긴장감에서 본인들이 하지 말아야 할 그런 말도 뱉을 수도 있는 그런 과정들이 나오기 때문에, 그래서 큰 기대는 안 하지만, 결과적으로 우리가 사참특위가 국정원을 들어가서 제대로 된 조사를 할 수 있는 것도 아니고, 기무사를 들어가서 조사를 할 수 있는 것도 아니고, 단지 한다면 감사원을 통해서 자료를 받을 수밖에 없는 그 기능만 가지고 있는 상황에서, 과연 얼마만큼, 저 사람들이 내어주는 자료를 받아보나마나 뻔한 자료 아니겠는가. 그러면 국가가 나서서 만들어놓은 정부기구의 특별한 기구임에도 불구하고, 지금 그 관계된 부처들이 조사를 받아야 되는 그런 입장에 와 있는 것, 물론 사람이, 핵심적인 사람이 바뀌었다고 하지만 자기 집에 들어와서 누군가가 조사를 한다고 그러면 기본적으로 좋아할 사람이 누가 있겠는가.

그래서 제가 [말했듯이] 대통령이 욕을 먹더라도 약속한 대로 힘을 실어야 되는 겁니다. 그렇지 않고는 그냥 허울뿐인 임시 장관, 임시 차관 이런 거밖에 [안 되는 거죠]. 하나의 '이제는 세월호 진실 규명을 위해서 국가가 이렇게 해서 열심히 후원을 해주고 이렇게 하고 있습니다' 하는 기록을 남기고, 생색내기에 불과한, 제가 봤을 때 이건 작당입니다. 이거를 어떡하든지 좀 무너뜨려야 되는데, 그러기 위해서는 정말 기록이 제대로 돼야 되겠죠. 그래야 후대에 정확한 기록을 가지고라도 또 도전해 볼 수 있는 그런 발판이기 때문에, 우리는 정말 기록을 기록답게, 우리의 때로는 유치하고 때로는 무식하고 그런 모습들까지 우리의 허물까지도 그대로 기록을 해놓는 것이 [필요하다고 봐요]. 우리의 허물이 결과적으로 우리의 범죄가 아니거든요. 근데 우리 부모님들이 그런 걸 싫어하시는 분들이, 저부터도 그렇지만, 그건 아니라고 봅니다. 기록자의 입장은 그 허물이 인간으로서의 허물이지 그게 범죄가 아닌데, 그게 허물이 들춰지면 범죄로 생각을 자꾸 하는 과정이, 사람이 어떻게 실수를 안 하고 살 수 있겠습니까. 근데 그 실수가 남을 자빠뜨리고 남을 죽이고 그 사람을 누르고 내가 올라가는 그런 실수가 아니고, 인간적인 본연에 의한 실수, 그런 허물들이라 그러면 저는 그게 부끄러워할 필요가 없다는 거거든요.

15
고 박종필 감독 회고

면담자 제가 자꾸 끝까지 여쭙게 되는데요. 아버님이 카메라를 들고 진실 규명의 직접적인 도움을 줄 수 있는 일을 한다면, 그것은 어떤 종류의 것들일까요? 예를 들어서 어디를 찍고, 어디를 가시고 싶고.

지성 아빠 네(웃음).

면담자 기업비밀입니까?

지성 아빠 비밀이라고 하기에는, 아마 이게 기록이 될 때쯤이면 어떻게 될지 모르겠는데 제가 추적하고 싶은 데가 꼭 있습니다. 제가 전에는 무작정 달렸다면 지금은 기준을 세워놓고 가는 것, 그 시나리오를 이제는 짜놨습니다. 그냥 무방비로 덤벼서 결론이 안 나서, 시나리오를 짜놓고 지금 덤비고 있는데 그 시나리오대로 가고 있습니다. 그게 더 빠르고 현실적이고 그동안에 나왔던 증거물을 토대 위에서 그렇게 가는 과정입니다.

면담자 2018년에 박종필 감독 1주기가 있었죠. 아까 어려운 말씀을 하셨고 "평생 짐을 지고 갈 것이다"는 말씀도 있으셨는데, 어찌 보면 박 감독님 1주기가 4·16TV의 운영자이시자 카메라 감독이시자 모든 것을 하고 계시는 아버님께 4·16TV의 미래를 생각하는 무엇인가를 던져주지 않았을까 싶습니다. 1주기 때 어떤 생각을 하셨는지를 마지막 질문으로 드립니다.

지성 아빠   박 감독의 1주기를 바깥에서도 고인을 기리는 그런 행사가 있었구요. 그리고 이제 1주기 되는 날 모란공원에 갔었는데, 저는 원래 거기서 하룻밤 종필이랑 같이 잘려고 했었습니다. 제가 그냥 둘둘 말이 담요 가지고 가서 그냥 종필이랑 하루 자고 싶어서 그랬었는데, 그때 또 뭔 일이 또 벌어졌어요, 그래 가지고…. 지금 제가 지방 촬영 갔다가 카메라 핸드폰을 분실했는데, 우리 고 박종필 감독이 4·16미디어위원회 위원들이 한 푼, 두 푼 모아서 세월호 기록을 하려고 했던 그 카메라를, 저를, 미디어위원회가 저를 주셨어요. 이틀 전인가? 이제 4·16미디어위원회는 폐단식을 이번에 2월 15일 날, 2월 15일 날 문을 닫습니다. 공식적으로 4·16미디어위원회는 닫으면서 "그 카메라를 누구한테 줬으면 좋겠냐?" 자체 회의를 통해서 "4·16TV 지성이 아빠한테 주자" 해서, 종필이가 선택을 하고 조금은 사용했던 카메라를 엊그저께 받아왔습니다.

많은 생각들이 지나가고, '저 카메라로 무엇을 해라'는 울림이 계속…. 저 카메라를 가지고 종필이가 촬영해 놓았던, 배에 물이 뚝뚝 떨어지는, 그 좌현으로 누워 있을 때, 그 한 칸 한 칸 리프트 빔 사이에서, 거기서 종필이가 누워서 "A 구역 7번, A 구역 8번" 카메라에 오디오 넘버를 목소리로 집어넣으면서 한 칸 한 칸의 흔적들을 다 기록을 종필이가…. 아픈 몸을 이끌고 내가 그 부분을 다 감당하지 못하고 종필이가 남긴 그런 기록, 거기에서 세월호 진실이 나온다면 참 너무 좋게…. 아마 일부분은 거기서 아마 좀 나오지가 않을까 희망도 있고, 잘 해놨습니다. 우리 종필이가 촬영 하나만큼은 이 형이 시킨 대로, 지가 그런 환경에서도, 그런 육체 상태에서도 내가 이야기한 대로 흐트러지지 않고 잘 찍어놨어요.

16
4·16TV가 자랑할 만한 영상

면담자   아버님께 그 카메라가 전달된 것이 우리 4·16TV 구술 증언의 마지막 멘트였네요.

지성 아빠   (웃음)

면담자   저는 감동받으며 아버님의 말씀을 잘 들었습니다. 이틀에 걸친 구술이지만 굉장히 양이 많으세요. 많은 양의 말씀을 해주셨고, 매일 바쁜 일정으로 엄청 피곤하실 텐데 늦은 시간까지 정성을 다해서 말씀해 주셔서 감사드립니다. 마지막에 꼭 하시고 싶은 말씀 있으시면 하셔도 됩니다.

지성 아빠   4·16TV가 뭐 좀 그렇지만 자랑할 만한 영상이라고, "아버님이 생각하실 때 '아, 이거는 꼭 봐야 된다' 하는 영상이 있습니까?"라는 질문이 빠졌거든요.

면담자   제가 하겠습니다.

지성 아빠   (웃음)

면담자   마무리로서 참 좋은 질문이네요. 아버님이 정말 자랑하고 싶은 영상을 몇 개 소개를 해주시면 좋겠습니다.

지성 아빠   2015년도 4월 15일까지, 세월호 학살 1년 동안 가족들이 눈물로 맨발로 걸어왔던 길을 〈세월호 유가족으로 산다는 것〉 2015년도 4월 15일 날짜로 정확하게 끊어서 1시간 53분짜리, 『토지』보다 더 지긋지긋한 영상 대하드라마, 못 보신 분들이 있으면 봐주셨으면 좋겠어요, 지금도 저희들이 그렇게 가고 있는 상황이라. 그리고 4·16TV가 자랑하는 거는, 나쁜 의미, 단점일 수도 있습니다. 손녀가 하나 있는데요, 장군으로 키울 겁니다. 잘 크고 있습니다. 할아버지를 잘못 만나서, 크게 얘기하면 나라를 잘못 만났다고 해야 맞을 거 같은데, 할아버지를 잘못 만나서 우리 손녀가 세 살이 조금 넘어서부터 "세월호 진실"을 외치고 있으니까. 저는 자식들까지는 모르겠지만 '하나 있는 손녀는 제대로 잘 가고 있다. 장수가 되어가고 있다'[고 생각합니다]. 제가 교육을 잘하는 게 아니구요, 세월호 하나만큼은 장수가 되었으면 하는 할아버지, 이거에 묶여 있으라는 게 아니고, 가깝게는 지 이모였고, 보지 못한 이모였지만, 할아버지 할머니가 긴 세월을 싸우는 이 과정에 우리 손녀가 "세월호를 진실을 규명하라"고 우연찮게 촬영에 잡힌 4·16TV 전속 광고모델이 돼줘서 자랑하고 싶습니다. 공짜로 쓰고 있습니다. 가끔씩 가다가 초코렛[초콜릿] 몇 개 사줍니다(웃음).

면담자   아버님 고맙습니다. 이것으로 마치겠습니다. 긴 시간 수고 많으셨습니다.

4·16구술증언록 유가족 활동 단체 제3권

그날을 말하다 4·16TV

ⓒ 4·16기억저장소, 2020

기획 편집 4·16기억저장소 ￨ **지원 협조** (사)4·16세월호참사가족협의회
펴낸이 김종수 ￨ **펴낸곳** 한울엠플러스(주)
초판 1쇄 인쇄 2020년 4월 1일 ￨ **초판 1쇄 발행** 2020년 4월 16일
주소 10881 경기도 파주시 광인사길 153 한울시소빌딩 3층
전화 031-955-0655 ￨ **팩스** 031-955-0656 ￨ **홈페이지** www.hanulmplus.kr
등록번호 제406-2015-000143호

Printed in Korea.
ISBN 978-89-460-6795-0 04300
        978-89-460-6801-8 (세트)
* 책값은 겉표지에 표시되어 있습니다.